成都万有图书有限公司　出品

艺谈

伍立杨自选集

伍立杨——著

北方联合出版传媒（集团）股份有限公司
春风文艺出版社
·沈阳·

图书在版编目（CIP）数据

艺谈 / 伍立杨著. — 沈阳：春风文艺出版社，
2012.7
ISBN 978-7-5313-4205-2

Ⅰ. ①艺… Ⅱ. ①伍… Ⅲ. ①散文集—中国—当代
Ⅳ. ①I267

中国版本图书馆CIP数据核字(2012)第043931号

艺谈

选题策划 魏希望
书名题写 敬 居
特约编辑 李 祯
责任编辑 王维良 姚宏越
责任校对 陈 杰
装帧设计 最近文化
开本尺寸 880mm × 1260mm 1/32
字　　数 163 千字
印　　张 7
版　　次 2012 年 7月第 1 版
印　　次 2012 年 7月第 1 次

出版发行 北方联合出版传媒（集团）股份有限公司
春风文艺出版社
地　　址 沈阳市和平区十一纬路25号
邮　　编 110003
网　　址 http//:www.chinachunfeng.com
购书热线 024-23284402
印　　刷 四川新华彩色印务有限公司

ISBN 978-7-5313-4205-2 定价：28.00 元

自序

幽微处的情绪烟云

纸上的风景，搜剔幽秘，如人饮水，冷暖自知。欧洲小说，自夏多布里昂，描写风景，成为一时风尚。虽游离主题之外，却自有妙趣。五代后蜀韦縠编选《才调集》，他就相信文字词采，其韵之高，可比桂魄；其词之丽，可胜春色。陈从周一部《说园》，议论周匝，文字雅俊，缩龙成寸，点缀疏密，不啻一部胸中之园林。微雨小窗，草木苍然，苏东坡时代的风景，今天已难实指，而其文字心情，仍可一贯。夜来风雨一灯，闭户读书，翻开全唐诗，光是看看题目，也就很有意思了。《塞路晚晴》《春晚旅次有怀》《秋宿湘江遇雨》《寄邻庄道侣》，汉字天然的组合，意境深深，惹人沉吟叩弹。看来纸上的风景，一半是大自然，一半是文字奇妙组合产生的韵味。魏晋诗歌虽窥情风景，钻貌草木，太过重视形似，然在一番雕琢研磨之中，文字的神理，悄然潜伏下来。故虽看若形似，而文字越千年，实形神俱在。顾长康说会稽山川之美是“千岩竞秀，万壑争流”。多少年又多少年，山川非复旧时容，而此文字定格的自然之美却灵性长存不灭。文字意境，其勾勒渲染，所予人者，甚至过于自然本身。

王羲之一生写过五百多封杂帖，这些写在绢帛之上的简短书信，多言约意丰，语短情长。他推重艺术化的人生，力图使生活艺术化，艺术生活化，诗文风雅，书画遣兴，他的书法翩若惊鸿，他的杂帖又情思摇荡，看似可有可无，因为其中没有非说不可的话，然味道正在其中，艺术家的气质因了社会风尚而得以结晶为第一流的艺术品。到了蒲松龄，惊霜寒雀，抱树无温，就只好人鬼狐妖，聊发异想了。然而，子夜一灯如豆，萧斋冷寂，“寄托如此，亦足悲矣”。仿佛听得见蒲翁落地不散的长叹。

有时候静坐思维，与时光共老，看芭蕉又绿，心境空漠，寐不交睫。偶有浅梦，也必是买芒鞋竹杖，向故乡的千山万山深处，一片蒲团，了此三千大千世界。正所谓“交寡深深怀旧地，变多渐渐悟浮生”。

张恨水先生云：托迹未高飞不起，稗官写到鬓斑时。洵为客居无俚，著述自娱之写照，实堪借以自况。然久而不废者，乃因聊耽著述，藉解牢愁。头颅若许，岁月若驰，真不禁把酒问天，而欲一吐胸中抑塞也。

培根氏云，读史使人明智。也不尽然。试观今之民国史著述，读之越多，则越易迷惘。盖以真相遮蔽已久，而说民国史者，由痴人说梦转为戏说臆想，痼弊深矣，徒饰虚文，无补实际，尚不知将伊于胡底，是以迷惘不得不然耳。

有读者高明以为，笔者之民国史解读或于解会人事，略有涓埃之助。是则以点滴之发现，均来自于第一手资料。举凡顾墨三、刘经扶、熊天翼、陈辞修……直至胡伯玉、邱雨庵、关雨东、戴海鸥，直至部队下级连排长，回忆访谈，俱穷加搜罗，积于今已斐然可观。其间不啻得原始史料之助，也颇饶幽微处的情绪烟云。然而风流云散，思之腹痛；室迩人远，徒怆我心。

爝火之微，何增乎光耀，而有所弗遗者，吴鸿兄及晓亮君之力促，绪论芳徽，洞烛机宜，谬采虚声，推奖逾份。方使我驽马奋驾，贾其余勇，检索支离之作，于汗漫卷帙中，得闲文四部，曰：谈艺、谈史、谈兵、谈美。近年所作晚清流变、幕僚生涯等，为葆其完整性，暂未收入集中。虽覆瓿之物，然亦曾获看官谬奖。安敢不竭所知，用献野人一得之愚。

2011 年初夏

目录

报纸和文言

文言文是中国人内心的东西。几千年的文化积累，使文言文中产生了许多漂亮的句法和表达方式，思之无尽，味之无穷。然而，意识形态的转换，生活空间的转型，世人好尚的转变，终使文言文的气味日渐稀薄，影响日趋缩小。

报纸文体，作为一种新闻报道，应该简捷、明了、普及、客观，而文言文的简洁、有力、醒豁、雅健、优美，正可借鉴取法，同时更能在全民的文化意识培养上，收潜移默化之功。而我们当前的报纸文体，所最缺乏者，就是这一点。尽量用白话，当然是语文的改革，奈何白话文的正宗基础太薄弱，积累不深也不厚，久之，俚浅的俗语单性繁殖，传统中文优美的表达方式，味道深郁的字汇词句，势将湮灭殆尽，这是很可忧虑的一件事情。

相对来说，台湾地区的报纸文章所保留的文言成分要多一些。尤其在副刊和专栏上，颇有几支意气风发、文采炳蔚的妙笔，令人赏心悦目，掩卷融融。当然，此之外，随心所欲，率尔操觚者也不在少数，余光中先生指出台湾的某些记者，古文修养蹩脚庸浅，却每喜故作解人，结果呢，一个三流的演员死了，也是“一代佳人，香消玉殒”；任何女人偷了东西，也是“卿本佳人，奈何作贼”；而“使君有妇"、"河东狮吼"、"季常之癖"等更是经常出现在报纸的社会版或花边新闻里，变成了所谓"雅到俗不可耐"。

林纾虽然抵死反对新文学，但他以古文译西洋小说，一方面在不识 ABC 的情况下做了新文学的功臣，一方面也树立一代文章丰碑，影响所及，尤其是两栖于新闻和文学的写作者，受益良多。以《大公报》（1918 年 3 月 11 日）文章为例：

英国大小说家司各特氏肄业于爱丁堡大学时，蠢如鹿豕，同学咸窃笑之。教授某尝语人曰："此子生而为蠢奴，他日亦且以蠢奴终耳。"司各特卒以小说成名，教授之言遂不验。

细推其文笔，虽并非一流，难称高华，但也可谓明畅、清通，未可厚非。旧时代，报纸上这种浅易文言文随处可见，而真正堪称纯正、名下无虚的，是著名记者陈布雷那支虎虎有生气的妙笔。他于 1926 年 3 月 12 日上海《商报》撰写《中山逝世之周年祭》，尝谓"岁月迁流，忽忽一星终矣。国辱民扰，世衰道歇，山河崩决，莫喻其危……虽然，吾人之纪念逝者，其所奉献之礼物，岂仅鲜花酒醴、文字涕泪而已乎"，即可见一斑。陈先生天纵奇才，又加以文言功底深郁，真积力久，根深叶茂，发而为文，必有可观之处。大学者王力（了一）先生对他也甚为叹服，以为"他的文言文是最好的"。

文言文是一种古色古香的美的存在，现代人的文章中，若真能保留一些古文的神味，或能自古文的风调脱胎而来，于文化建设是一桩大幸事；于文章本身，也可以摒单调肤浅而渐趋丰饶。当然，那种糟蹋语法词汇，徒然在表面做手脚的伪文言文，一知半解，文品卑下，只能贻人笑柄，应该尽早剔除。因为真正领会古代汉语，并不比学会一门外语容易，稍欠精熟，即出毛病。有志写作者，不可掉以轻心。

识字难，未必然

陈独秀《小学识字教本自叙》尝谓："今之学校识字如习符咒，学童苦之。且漫无统纪之符咒至三千字，其戕贼学童之脑力为何如耶？即中学初级生，犹以记字之繁难，累及学习国文，多耗日力。其他科目，咸受其损。"那个时期的年轻文化改革者，如魔附体，攻讦中国文字，不遗余力，视为仇雠；持汉字拉丁化者，更有多人。其口号则云"废除汉字，改用字母"(《胡适口述自传》，第 138 页)。那时彼辈都还年轻，气血旺盛，执其一端，铆劲往牛角尖里死钻。

且不说汉字与文化传承的意义，即以汉字拉丁化以后而言，学童学之，就易如反掌了吗？事有不然，且恐怕恰恰相反。唐德刚先生说他小时候学汉字，字、文结合，像《〈左传〉选粹》《史记菁华录》这些书能整本地背诵，"大多数的孩子均不以为苦"，家中长辈再辅之以物质刺激，小孩甚至主动地啃起《通鉴》《文选》等大部头来，且乐在其中。但是拼音文字如何呢？"由于音节太长，单字不易组合，因而每一个字都要另造出一个特别的单字来表明，如此则字汇vocabulary 就多得可怕了"(唐德刚：《胡适杂忆》，第 132 页)。唐先生以其绝深的经验勘察，认为"认字"恰恰是拼音文字的最大麻烦——要读完五磅重的《纽约时报》星期刊，须认识五万单字，仅此即比《康熙字典》上的所有字还多。“五四”时的闯将们，想象力贫乏，拿着鸡毛当令箭，自然见不及此了。唐先生所以为学界巨擘，与其思与学双边充量的“全面发展”有关系，故其发论，大有百步穿杨之效，为什么呢？此无他，老先生是从实事求是出发，而非一大批“某公”般从、或先入为主的“想法”出发。

辩证读古书

曹聚仁先生很反对青年人读古书。他以为，好好青年，在书堆下变了废物，哀莫大焉。他尤其瞧不起宋明理学家及章句陋儒。“知识分子平日对国家安危盛衰，不闻不问，以为那是学问以外的闲事，到了危殆不可救药，也只有叹息几句了事。”这是他在《颜李学派与读书论》中对宋儒树高义而远社会所下的痛彻批评。后人看历史，视角不同，则结论大异；心情不同，则观点悬殊。曹先生的同龄人张恨水先生于此有全然迥异的看法。他要“为宋明之士呼冤”。他以为，宋明之士讲气节，而不免国家危亡，要负责任，但较轻微。“因为他们讲气节的时候，全是在野之身，在朝握权柄的人，都是贾似道、马士英之流。读书人商量保护社稷，宰相却在斗蟋蟀、唱曲子……文天祥、史可法，武力落败。而他们那种大义孤忠，也让强敌低首下心地钦佩”（《最后关头》），较之曹翁，恨水先生批在了根子上。

张恨水先生的视角，意在强调不能因噎废食。宋明文士，也有可师之处，但求不要流于过分的迂腐而已。他还在《苏诗书后》中说，若是公卿，都像苏东坡那样聪明，宋朝也不会亡了。诚哉斯言。真正的读书种子，正是社会、民族发展的灵魂，若辛亥时期同盟会那一代知识分子，正是读书人中的“重中之重”，是现代国家不可或缺的脊梁。他们既苦学不辍，同时也摩顶放踵地有利天下，风尘莽莽，而潜修自励不止。中华老大帝国近现代化的转型，端赖其孜孜，呕心沥血，方得以启动。设若凿去帝王专制的桎梏，宋明之士也可刮垢磨光。今之美国大学教授，迂执过于宋明儒士而从事冷门研究者，何可胜计。他们的行为，怕也说得上是树高义、远社会了，却并无危殆之状。为什么呢？人家政体上轨道，政治有办法嘛！他们并不代人受过，也不会“神仙打架，凡人遭殃”。这才是天经地义值得三思的。去除那种消磨读书人的社会土壤、政体机制，方可矫正读书人的形象、处境。如果只将读古书作为靶牌，终不免落到头痛医头、脚痛医脚的循环，因为“不读古书即可救国”这个公式，绝对不能成立；那么，总病灶还在，奈何？

古人的现代性

人类万代繁衍，科技发展迅猛，日常生活大异于前。几千年前的神话与传说中种种变成现实，切近可感。科技推动的魔力不可小觑。但在时刻不停滚动发展的同时，棘手的难题也陆续暴露出来，来日大难,“君将哀而生之乎？”发展的科技不能同步解决这些问题，已是新世纪，这些问题仍令最尖端的科技束手无策。

譬如，引力强大、可吞噬一切（包括光线）物质的黑洞；巨大的太阳耀斑，其瞬间亮度是平常阳光的二十倍；地球磁场反转，磁场一旦失常，太空则发生粒子暴；全球疾病流行，生态平衡的破坏，可能出现强速而令人类毫无防范能力的病菌，如此即令微生物也可能毁灭人类；全球变暖，海平面不断增高，诸多城市将成水底世界；生物技术失控，转基因植物可能带来新的病毒；环境中的毒性物质，现已有世界诸多大城市空中含有大量的柴油发动机排出的微粒——它不仅致癌，而且破坏胚胎组织，减弱生殖能力。

据《参考消息》（2000 年 10 月 20 日）说，1908 年一块宽约二百英尺的宇宙碎片冲入大气层，并在俄罗斯西伯利亚的通古斯上空爆炸,其所释放能量,相当于广岛原子弹的一千倍。天文学家估计，每一百年至三百年，地球就会遭到一次类似体积的宇宙碎片的撞击，体积较大者，杀伤力更为巨大。

茫茫宇宙，奥秘无限。

太空，辽阔而黯淡。浩瀚磅礴的相形之下，地球实在也只是巨浪颠簸者在“走泥丸”。这样卑微的角色，有限的体能与智力，也许人类发现的所有物理、自然规律，都不如这一条黯然神伤，那就是：人的结局，不是一个统一体，而是作为分子和原子发散到宇宙中继续存在。

古人虽不如现代人见多识广，但他们中的杰出者，却葆有根深蒂固的隐忧，对生命本质的认识。他们善于倾听大自然深处发出的悲鸣和天籁极致的消息。“细推物理须行乐，何用浮名绊此生。”（杜甫）注目寒江，细推物理，智慧在雾霭云翳的笼罩中破晓而出。

“天地者，万物之逆旅；光阴者，百代之过客”。天才的李白如是表达，基于这样的认识，他常有感慨，“有时忽惆怅，匡坐至夜分。”（《赠何七判官》）按说他的心性，和他的诗的基调总不是悲苦凄切的一路，而感慨却深郁难掩，以致常常对景生愁，如谓“燕麦青青游子悲，河堤弱柳郁金枝”。那真是悲从中来，先天先验的，挥之不去。

就算“一蓑烟雨任平生”的苏东坡，“想得开”仍只是其表层形态，内里还是“忧患不已”，那是一种融入自然界的大忧患。他初到海南时，看海天茫茫，凄然伤之，何时得出此岛？转念一想，“天地在渍水中，九州在大瀛海中，中国在沙海中，有生孰不在岛者？……念此可以一笑。”这一笑，何等无奈。

这个意思，旧时诗人尽多表达：“蜗牛角上争何事，石火光中寄此身”（白居易）；“闻道长安似奕棋，百年世事不胜悲”（杜甫）；“凡物有生皆有灭，此身非幻亦非真”（辛亥党人）；“区区一生，愿力无用”（郭嵩焘）；“百年身世浮沤里，大地山河旷劫中”（佚名）。这样忧患漠漠、寄怀悲郁的透析解悟，指向一种意识的深渊，即人在大自然中的终极荒谬。奇怪的是，现代科技的滚动发展，并不能解脱这种悲哀于万一，反而分蘖出诸多新的问题，在加重这种思索；古人固不能明确预见今日科技的成就，但在人类命运的终极关怀上，却与现代人心情冥合，其分量，其深刻性，较现代人更为饱满。阮籍、岳飞、曹寅……直到魏源，这些古人都曾夜深徘徊不寐，除却尘役之劳，那就是人类面临的最终意义，被他们敏感觉察，而无可奈何。说无常，说万法皆幻，或有人以为绝对，但在古人的提示之下，生命因迁流不住只是当前，不是过去，也非未来，这样的认识，总大抵可以达成了。

大宇星如万点尘

茫茫宇宙，我们从何而来？英国当代最杰出的科学家霍伊尔曾以为，宇宙从来就是存在的。人类则起源于太空。这个解释，相当玄乎。迄今为止，专家们相信，宇宙起源于一场创世大爆炸。那是一百四亿年以前，爱因斯坦证明剧烈大爆炸的能量被转化为物质，冷却过程中，最初的原子形成了。大爆炸的高温造成了氢和氧。恒星的热度有足够的时间令元素产生特殊反应。就在不久前，科学家还相信宇宙仅仅是在大爆炸的最初推动下，凭借惯性滑行，而其运动逐渐慢下来。然而，最近通过地球上空六百公里轨道上的星系望远镜，观测极其遥远的恒星星系，在这毫不失真的位置上，包括对大爆炸所遗留下来的热量加以研究，结果表明，宇宙非但没有慢下来，而且还在扩展，加速。因其在经受真空能量的反引力推动。

据最新的研究，宇宙的构成部分今天仍然无法确知。只知道有大约百分之五的是由普通原子即尘埃和气体构成。其余绝大部分却由“暗物质”组成。科学家尚无法描述其形式。古代埃及人以为宇宙的形式是女神的拱形身体，哲学家以为它是所以存在的总体，而中国古人则谓之混沌。混沌这个观念最为接近暗物质的本质。

关于其终局，据最新数据，宇宙的扩展还在加速，但结果是暗淡的。在看得见的宇宙中，有足够多的物质，尚可维持恒星的形成过程上亿万年。在此以后，预计物质将坍塌为越来越大的黑洞，然后是黯淡、冷却，仅仅充斥真空能量。(《参考消息》，2002 年 12 月 18 日）

这和佛学典籍里面的想象记载颇相吻合。佛学思想以为宇宙也存在一个无始无终、循环往复的迁流过程，那就是宇宙的成、住、坏、空学说，其想象可谓深邃、博大。古人深远的智能令人惊叹。简而言之，所谓“成”是说宇宙的形成；“住”就是说宇宙生成以后相对稳定的持续状态；“坏”就是说构成宇宙的因缘逐渐丧失，因而这时候的宇宙处于一个衰败的过程中；而“空”也就是宇宙的终结，也可以说是下一个宇宙周期的开始。这就可说是抓住了宇宙的本质，因为宇宙是由物质、能量、时间、空间所构成。

帕斯卡在他的思想录中曾满腹猜疑地写到，他所生活占据的空间，他为什么是在此处而不是在别处，何以在此时而不是在彼时？是什么理由造成了如此处境？实际上，这正是因为宇宙是暗物质所充斥左右的混沌生成的结果，是一种与生俱来的偶然性的支配；而偶然性，也可以说是宇宙中无所不在的动力。时间平静地移动，带来循序渐进的变化，实则时间即是不断异变迁流的空间的表现形式而已。因偶然造成了空间变化（生成）的因缘。

美国科学家新近发现的最大宇宙气团直径达到九万光年！它是银河系以外的星系现象，于人它可以喻其大，为我们的头脑难以想象，对于宇宙本身，则无非尘埃而已；又英国科学家在南极洲一个冰湖找到的休眠二千八百年的微生物已经复苏，十数米冰层下的细菌和水藻在实验室中恢复了生命。此二则消息均见于《参考消息》

（2002年12月21日）。它有助于我们形象地认知宇宙，及其时空构成和转换。

早在蒙昧时代，人类已对日月产生了丰富的联想，文明生发以后，更有层出不穷的惊讶、叹息、疑猜。“华夷相混合，宇宙一膻腥。”（杜甫《自秦州》）“大地山河微有影，九天风露寂无声。”（【元】杨载《宗阳宫望月》）建安十三年，曹操与孙吴政权战于长江，某夜，曹操横槊观月，当是时也，月明星稀，乌雀南飞。诗中有谓“明明如月，何时可辍？忧从中来，不可断绝”（《短歌行》）。观天象之浩瀚无有际涯，人生无论修短同有尽时。而龙争虎斗，也无非等诸鸡虫。于是悲从中来，难以遏止。其次子曹丕另有诗句：“明月皎皎照我床，星汉西流夜未央。”（《燕歌行》）在星汉的衬托映照之下，特别容易发生情绪哲思。

古人这样的思绪，和爱因斯坦的广义相对论也有吻合的地方。爱氏以为构成宇宙的物质本身，是空间和时间，并把空间和时间当做一种平滑的连续组成成分来对待。而物质则使之扭曲。这样的情绪，也无不在偶然性的支配当中。文学中有念及此的感慨大多是深思的头脑所为。

擅旧体诗的广东诗人陈永正先生的《五十九岁自寿》，乃近年绝无仅有的杰作。

其诗曰：“世上无端出此人，忽惊石火梦中身。五洲群愿千年寿，大宇星如万点尘。修短在天原有意，枯荣于我究何因。明朝恐被黄花笑，甲子书来又一春。”其中第三句乃指基因工程引起的迷幻。全诗虽体格有限，而以极微小想极广漠浩瀚之宇宙，将此意识无限放大而紧攫生命本质哀痛，深藏着物质运动的伟大力量，有浩浩汤汤波起云涌之势。放眼迷茫灿烂的星空，无端的敬畏充溢身心，那纯粹的物质世界所产生的智能——生命是多么徒劳而脆弱啊！即使想象力风云突起，智慧的结果的也是嗒然若丧。当这种智能生命复归为一种尘埃之时，也就彻底地通往自由之路了。

上世纪初叶的美国历史学家亚当斯，他的曾祖父是美国历史上的第二任总统。他见多识广，深于历史感。他在那篇有名的《致美国历史教师的一封信》（1909 年）中，以为人类社会处于相互独立、相互隔绝的团体构成的封闭系统。他认为，由于“熵的定律制约着各种能量的活动——包括人的精神活动”，则在此封闭系统中，“生活是没有意义的，探索也总是以纯粹的虚无空寂而告终，人无处可逃”。这和古典文学中的浮生若梦、为欢几何的调子深相契合，保有溟溟漠漠的忧患。这些，也都可以说是来自观测思索宇宙形成的根深蒂固的念头，也即是一种宇宙意识。

仰观宇宙之大，俯察品类之盛，面对浩渺无垠的太空，头脑杰出的哲人返观自身的处境，乃对生命的本质产生清醒的认识，所以《旧约》里的《传道书》就说，万事令人厌烦，人难以言尽。已有的事，以后必再有，以前的事，以后必再行，日光之下并无新事。天文现象因为其神秘，引发了无尽的神话传说，和人类所观测到的天文规律相交替，一方面想在寻找永恒的自然规律，一方面也在以非理性的方式解释天文现象，试图来说明其因果关系。仰望无有穷尽的天空，那浩瀚的千变万化的背景，诵读“大宇星如万点尘”之句，所激发的是一层深似一层的困惑。

空间距离，催生悬想

空间距离真是奇怪的东西。距离产生美，也产生硕远无边的联想。人在空间的渺小,他只是作为一个“点”而存在的。在这个点之外，有无数的终端，引发冥冥漠漠的想象。如汉代张衡《四愁诗》，即谓他“我所思兮在太山，欲往从之梁甫艰”。除此以外，他的思绪还放飞到桂林、汉阳、雁门这些当时相对而言的遥远之地。四方广远之处都令他牵挂不已。但因距离的关系，不能亲往详察，故他长叹而心情忧伤、烦闷怨艾。

路远莫致，徒怀忧心，自不免有未尽之憾。庄子的《逍遥游》，有其虚设的远方，北海、南海，以及迁徙的鲲鹏，那则是想象力对人类自身局限的补偿，是渺小人力的硕大外延。鲲鹏展翅，广大如垂天之云，不知有几千里也。

这是古人放纵自身想象力，到那些不可知的远方，里面蕴涵着丰富的猜想，其间，思维活跃的程度，借白居易的诗来说，就是“上穷碧落下黄泉”，“升天入地求之遍”。

当代人的猜想，较之古人，一脉相传。尤其是对别的星球上同类生命的好奇呼唤，引发出很多似是而非的报道。古人以为月亮上有吴刚、嫦娥，以及桂花醇酒，那是纯粹的美的对象。月亮上的神话在宇航登月的今天已经破灭——那上面只有单调的灰暗荒土和太古般的沉睡。

但是人类的孤独的本质注定他们又要到更遥远的地方寄托他们的玄想。这在心里深处，还和《山海经》时代是一样的。《山海经》中，海内海外，近地远乡，大荒广漠，离奇突兀的记述，是古人最早的海客谈瀛，虽然说得有鼻子有眼，却没有事实上的根据，但古人的叙述却是津津乐道。今人对外星人的猜想不也一样吗？可是悬念也终有嗒然飘落的一天。科学巨子霍金的发言可以给我们传道解惑。他以为无论我们多么聪明，都不能快过光速。如果快于光速，我们就可以回到过去，即回溯时光隧道。阁下想返回到明末的时候，往来于秦淮水榭，和李香君等樽酒论诗吗？想和唐代的任侠儿“系马高楼垂柳边”吗？请您造成超光速的速度！但事实上，我们最多可以“生活在别处”，而无法生活在过去。霍金还认为，自宇宙大爆炸开始至今已有一百五十亿年；而人类现有的形式，仅二百万年。因此，即使其他星球系统进化了生命，相互发现的机会，也是非常之小。

假设我们能够遇到外星人，“他将会比我们原始得多，或先进得多。”若是先进，何以不扩散到银河系来访问地球呢？霍金强调说；“也许存在这样的先进种类，他们听任我们自生自灭，不过我怀疑他们会对一种更低等的物种如此体贴。”（《参考消息》，2000 年 2 年 11 日）这对人的先天期待来说，是一种冷水浇背般的当头棒喝。思之生趣索然。

星河如此浩瀚，地球只是一个微渺的“点”。无尽的空间中，写满人类自身的守望期待，倒也不奇怪；只不过现代人借助科技的力量，延长了自己的手和脑，却必须接受更多无可奈何的信息，更令他们的想象力和预期的悬念，零落迟暮，大打折扣，难以像古人那样容易自我陶醉和自我安慰了。爱因斯坦说过：“想象力比知识更重要，因为知识是有限的，而想象力是无限的。”我们今天人为地与大自然割裂，听不到风的声音，看不到星的灿烂，感受不到泥土的温馨，我们将由此失去一些最宝贵的东西——那就是与大自然融为一体后所产生的最原始的生命的激情和植根于大自然之中的无限的想象力与创造力。所以古人在文艺上所创造的偏爱价值越老越醇，别开生面，具有永恒的美的内涵。而现代派的美术、文学挤压感荒谬感细密沉重大大盛过古人，也有空间提供的想象受到阻隔切断的原因在内。我们的空间想象受挫，但不妨寄托于古典的艺文作品，因为其中有结晶一样的不朽的“第二自然空间”。

文学与时空心理体验

部队特种飞行队的一位校官，夜航时曾有一次惊险的飞行。他的仪表盘正常，而时钟秒针奇慢。时间似乎为一种神秘力量粘住，久之无动于衷。他仿佛飞行在一个漫长无边的地方。周围没有星云及任何参照物。这种感觉渐次加强，一时为之紧张到极点。在理论上，他知道四维空间的存在。他想起一则资料：某国火车驶入一隧道，兀自消失无影无踪；三十年后，那列火车方自隧道开出，而对火车上的人来说，三十年仿佛眨眼一瞬。后来这位飞行员飞回基地，证明是一场虚惊。但他分明觉得，地勤人员都似乎蓦然老去。（《上海劳动报》，1998 年 8 月 20 日）

这种心理体验,定是空穴来风。善感的古人早有表达。孟郊《烂柯山石桥》：

仙界一日内，人间千岁穷。
双棋未遍局，万物皆为空。
樵客返归路，斧柯烂从风。
唯余石桥在，犹自凌丹虹。

此诗系由梁代任昉《述异记》故事衍发抒写而成。那故事说，晋时王质伐木于信安郡石宝山，见童子数人下棋玩耍，王质观之。童子以一物给他，大小如枣核，王质含在口中，不觉得饥饿。稍后片刻，童子问他，为什么还不回去呢？王质乃起身四顾，但见斧头柴火，俱腐朽殆尽。归家去，无复旧人，早已过了先前的时代了。

《妙法莲华经》中记载，佛对听他讲经的人说，你们在此听我讲经说法，觉得经过的时间并不长，但外在的世界已经过了几千年了。这些海客谈瀛的古人想象，究其实还并非无稽之谈。爱因斯坦的相对论，以为时间是随着速度改变的。人若乘坐飞行器以光速到某一星球，早餐在地球吃，午餐在那个星球上享用，晚饭再回地球来吃，可是他回来后，地球早已过去了数百年，早已物换星移几度秋了！

人类在与自然万物的交通接洽过程中，往往为其博大深邃的神秘性所困扰，而产生怊怅的心理感觉，似是而非，似非而是。幼儿智力在成人眼中常显可笑，而成人在大自然中，更处处有潜藏的局限。太多的事物现象难以用足够的智力来作合理的解释，此类故实一旦与文学相结合，往往加深人生无奈的悲情慨叹。孟郊诗即是典型的代表。

有趣的是人类也在力求突破时空的局限。有报道说（《参考消息》，2002 年 12 日 28）美国顶尖科学家即将制作的时间机器，即是以爱因斯坦的相对论为基础。他准备建造激光环，其中又用光子晶体来扭曲光线，令其减速。以后的人即可遨游在时光机器已经存在的那个时代，即一百年以后的人就可以造访今天的世界。俄罗斯科学家也有类似的妙想，即乘坐光子火箭漫游未来。时空的坐标一旦易位，空间之旅就会变成时间之旅。

古人的诸多想象，今天已经是活生生的科学现实；时空是如此的浩瀚，生长翅膀的另类心理体验，还会不断地被科学所坐实。

风景与悲慨

茫茫宇宙，我们从何而来——古人从未停止这个问题的思索。越到近代，科学家越感到沮丧，觉得想一想都不是明智之举。英国科学家霍伊尔将他毕生的精力都用在回答这个问题上了。他用几十年的时间来解决宇宙起源之谜。上世纪 40 年代，他在美国加利福尼亚逗留时，以他的恒星能量因核聚变原理，猜测他的同行可能在研制原子武器，这种武器挤压核爆炸而产生巨大能量。事实果然不差。回国后，他发现超新星中的温度可能达到数十亿度。继而他在核物理学家加莫夫宇宙大爆炸理论上又跨出关键一步，认为因恒星的热度持续了亿万年，所以有足够的时间产生创造元素所需的特殊反应。那就是碳的同位素 C–12 的精确共振，生命的存在即因了这种共振。他向人证明，“连一杯普通的水中都含有大爆炸的遗留物氢和亿万年后在红巨星、超新星爆发中产生的氧。总之，正如歌中唱道：我们都是星尘。关于我们从何而来这个简单又最复杂的问题，他作出了迄今为止最大的贡献。”（《参考消息》，2001 年 2 月 23 日）

古人彷徨山泽，仰天叹息，往往也生发此终极思索。“往古太始之元，虚廓无形，神物未生。”（《楚辞》补注）而《列子》有云“殷汤问于夏革曰：古初有物乎？夏革曰：古初无物，今恶得物？自无之外，自事之先，朕所不知也”。古人也真个实在，他们隐隐约约对世界的起源、自身从何而来有所感知，但又不能做恰切的说明。不过他们所具有的隐忧——人生的挫折感、孤单感也正在这里，一种悲剧性的自觉。所以要发出“天问”，其中又包含人事，人事的纠结与起源的灰暗不明，更加深了他们的叹惋。

除专业科学家以外，古人反较今人认识宇宙与自身的处境更为深刻。这当然不是说古人的知识信息多过现代人，但他们的智慧得大自然的襄助，为其切近的一分子，从而疏离感较少以至于无。故白居易说“蜗牛角上争何事,石火光中寄此身”。《金刚经》则谓:“一切有为法,如梦幻泡影，如露亦如电，应作如是观。”李煜的心声也是“会思考的芦苇”的共同心曲：“自是人生长恨水长东”，“往事已成空，还如一梦中”。钱锺书先生说苏东坡的诗文用典波卷澜翻，绝少重复，但人生如梦这个意思,他却一用再用,不厌其烦。现代最新科学研究表明,离地球最近的恒星是四点三光年，即四十万亿公里，也即光速单程一趟也要四年多，而目前发现的最远的星系是一百三亿光年。宇宙的浩瀚，连想一想都会令思维望而生畏。但经典物理学的相对论又证明，宇宙的时空是可以改变的。当物体运动接近光速时，其他的物理条件就会发生变化，常识就会为不可思议之境所取代，这时物质的重量趋向无限大，而时间则趋向无限慢，也即时空变形缩小；换句话说，人类可以用提高速度之法，来控制生命进程:加密和拉长。唐人诗谓:“洞里仙人方七日，千年已过几多时。”“自是人间一周岁，何妨天上只黄昏。”这一类句子,举不胜举。钱锺书先生赞扬《西游记》中“天上一日，人间一年”的说法有“至理”，乃因其与现代科学发现不谋而合。

这并非古人的悲观厌世，而是他们与大自然的密切融汇所产生的深刻的宇宙意识。刘知幾这样的大史学家，对司马迁还不大了解而有微词，乃因太史公常常将“天命”挂在笔端，常常抱持一种“阴德报应”的推命委运的人生观。那当然不是迷信，而是司马迁对宇宙与人生的终极矛盾有透彻的感知，并由此抒发其不平之愤的运笔方式。这一点，也令其笔墨自具一种哲学的深度。自然，在宇宙大悲情的笼盖之下，文学不停挖掘生命中短暂的喜悦，以期突破苦闷和难堪，此亦即是生命传承不灭的因由。

自宇宙大爆炸之说为科学界正式接受以来，令人不得不相信，宇宙有一个开始，也终将有一个结束的期限。它来自于“无”，也终将回归于“无”。这个过程中，它也处在无尽的消磨之中。其根据来自于热力学第二定律，热量总是由热到冷，对于任何物理系统皆然。宇宙一旦到达热动平衡状态，就完全死亡，万劫不复，这种情形被称为“热寂”。古人所谓“逝川与流光，飘忽不相待”（李白），“所惜光阴去似飞”（晏殊），“易失者时，不再者年”，都冥冥中指向这一令人沮丧的事实：热寂。这和《楚辞》《列子》中关于太始、古初时分的认识，大方向是一致的，可见古人先天的敏锐，是何等的有力！曹孟德、王右军、李太白、杜工部、苏东坡……这些前贤硕彦，每当欢宴之际，或登临山川、俯仰古今之时，往往低回慨叹，情溢于词，遣词深异无以复加，词句饱含悱恻缠绵之致，其内蕴和背景，直指宇宙命运之心源，反复流连，悲感凄切，缭绕挥之不去的忧郁，蒙络着一种由深深的挫折感引发的莫可奈何的心情，成为潜在永久的主题。这种风景与悲慨的互动关系，来自于万法皆幻的感悟：“我们都是星尘”，结论宿命地跟现代物理学不谋而合。如此溟漠无尽的宇宙悲剧意识，才真正是文艺的永恒主题，也是永恒难题。其思索的深广，与人类的生存同在。在漫长的单位时间内，它不会事过境迁。

深邃隐约的智慧体察

科学已进入飞速发展的尖端时代。然而，不用说，混沌的宇宙乃至微尘般的地球，仍充满不为人知的神秘。

不借助望远镜，人的肉眼可看见六千颗恒星。其中，太阳距地球一点五亿公里；月球呢，科学界根据激光脉冲到达月球再返回地球约需要两秒半的事实，得知月亮、地球之间的平均距离是三十八点四万公里。很多只见微弱光芒的“小星星”,其与地球之间的距离，就需要光年来计算了。用天文望远镜或射电望远镜才能观测到的小行星，其与地球之间的距离，也不是我们的头脑所能想象的。如今，美国天文学家发现两个迄今为止最遥远的类星体，据（《参考消息》，2001 年 6 月 7 日）说，它俩距离地球约八百亿光年，是天文学家迄今观测到的最遥远的天体。这个数字，这个距离，则更令我们的思维为之束手无策，望洋兴叹了。

佛经里头曾叙说，三千大千世界。此并非说是三千个世界，而是集一千个世界为一小千世界，集一千个小千世界为一中千世界，集一千个中千世界为一个大千世界。其中连环含有三个千的倍数。而此三千大千世界，只是一佛摄化之土。经中说，虚空无尽，世界无量，国土众生无量，所以三千大千世界亦无量。此外还有无量的世界，它视我们所处的地球，不亦是太空中的一粒微尘吗？天文学的发达，证明银河系中的星球多至不可胜计。太阳与地球之距离如用光年计，仅为八分半钟光年之遥；如此较之距地球八百亿光年的天体，怎么是我们微薄的想象力所能猜想其万一的呢？而古籍中的观念世界，却很早超出了地球的范围，在用抽象很超越的思考探索星空的奥秘了。

唐代诗人王维受西来佛典的影响，有诗句说："已悟寂为乐，此生闲有余。思归何必深,身世犹空虚。"(《饭山僧》)柳宗元仰观宇宙，想到它的生成问题，有元气之说，他写道："一气回薄茫无穷，其上无初下无终。"近代的思想家、蔡元培的朋友宋述先生，有诗说:"恒沙世界安可极，无量金石总消泐，吁嗟大地尚非坚，何况区区动与植——人间难觅武陵源，世外空思安养国，众生平等境太遐，同类相残我深急。"将无限时空与有限人生，圆融交织，同一感慨，哲思宛转。

可见古人对心境、物境的描写，极具时空感，而且深切体悟到空间的无穷无尽，时间的无始无终，对宇宙天体的宏越浩瀚而在现实中却难以思议的征象颇有觉察，并且隐隐与现代科学的结论相吻合。他们是如何解释人身渺小与宇宙混沌无际的矛盾呢？那就是思维方面的"一念三千"，恰如柳宗元《法华寺石门精室》所说："小劫不逾瞬，大千若在掌握；体空得化元，观有遗细想。"这就是人脑脑力极限发挥的思索形态了。

解诗大异其趣

屈原的政治文学《离骚》，辗转复沓，怨艾悱恻，读之有心力交瘁之感。里面充斥着美人玉女、芳草佳人的意象。梁启超以为，屈原苦求不得、朝思暮想的美人形象，只是一种代数符号——倘非如此，屈原岂不成了一个拈酸吃醋的疯子？

梁氏爱之深，护之切，倒也难怪；但也不尽然。若纯系代数符号，何不将美人换为虎豹禽虫、月桂夜莺呢？

郭沫若则不然，他的《离骚》译文窃以为是解骚诸家里面最为通畅的一家。他的生发点，则与梁氏解骚形成鲜明对比。他所强调的是屈原的性心理。他解“国乱流其鲜终兮”，干脆翻成：本来是淫乱之徒，活该没有好结果。定“乱流”为淫乱，也只在郭氏笔下方可见到。

郭沫若说：“屈原好像是个独身生活者，他的精神确实是有些变态……读他的《离骚》《湘夫人》等作品，不能说没有色情的动机在里面。”（《郭沫若文集》，卷十：人民文学出版社，1959 年版）

梁启超虽然“笔锋常带感情”，也是一个典型的性情中人，但在男女事上，究竟谨悫。他曾为徐志摩、陆小曼证婚，于婚礼上斥其离婚再婚的随意性，“引经据典地大训大骂，志摩面红耳赤，就是旁人也觉得不好意思。”（梁实秋语），这就难怪他替屈原回护了。而郭沫若感情外向，行为放诞，两者都各以己意出之，故对历史事典的感受也大异其趣。这也大概就是“一千个观众心中有一千个不同的哈姆雷特”吧。郭老的《炉中煤》尝谓“我为我心上的人儿，燃烧到了这般模样”，大学中文系老师解为热恋祖国的象征，也是多事；郭氏有知，必不同意。姑娘就是姑娘，观其解《离骚》，个中三昧可以了然。

哀中文之式微

美国哥伦比亚大学的口述历史部，于民国史研究有大功焉。前有唐德刚先生撰写的李宗仁及顾维钧回忆录，已成口述历史之代表作。尤其《李宗仁回忆录》，唐先生以英文撰写，又自译为中文，大笔如椽，波磔雄浑。这样的著作，当得起文史哲不分家之说。其深切之史识与俊爽之文采二而一、一而二，读之极深倾倒。

近有大陆版《吴国桢回忆录》中文版的推出。该书也是口述历史部之一种，封存近半世纪后始得面世。吴国桢乃民国史上的栋梁人物，其书问世，一把钥匙打开多把锈锁，诸多疑案，系铃解铃，涣然而冰释之，在史学上自有其独在的价值。不过较之前几部口述历史，该书又大有美中不足之感，何也？曰中文太差而已，这又是“今译”的问题了。诸多似通非通的句子横亘其间，若老米煮饭，捏不成团；又如清池异物，碍眼闹心。如采访者问吴国桢：“就你所知，有没有担任市长职务或者任何其他政府部门的人士，进行过抗议或试图制止这种行为？”读来就很拗口、很费神，究其义，不过是说：“有无市长及政府人员抗议或力阻之？”又如，“可不可以说，风纪败落的整个过程真正开始了，它导致了对共产党人缺乏抵抗的能力，对吗？”其意谓抗战胜利后，国民党变接收为劫收、丧失民心之史实，因腐败而丧失能力，这里却翻成“导致……能力”，既费解，又不通，甚至文义悖反、可谓硬译导致语言梗阻的显例。揣其义，似应译为：“可否说——风纪败坏开了头，即导致抗共能力的失却？”

不通不顺、疙疙瘩瘩的句子在此书中甚多，译者据说精通英文；而其中修养如何呢？客气点说，是欠佳欠精通；说重些，那真是惨不忍睹。译文言不及义，不免大大影响原著之价值和分量。类似的还有《永井荷风选集》中译的“那个雅号叫做彩笺堂主人的熟人的爱妾叫阿米的女人重操旧业”，伏读之下，满心不快，简直要迁怒于原作者了。

可悲的是，中文之式微，在译界已成量大面广的痼疾。吴稚晖早年要把中国文言文典籍扔进茅厕。20 世纪 40 年代后期，语文水准恶性下滑，他着急了，又说要从茅坑里捡出来。然而今日文化人，即令典籍当前，他也无从下手，彼辈与中文隔膜之大，全然是陌同路人。呜呼，传统文章奇采，黯然消沉，乃至是耶？

奇美之境：谈流行书风

每个时代都有自己的流行书风。当代的流行书风之形成，至蔚为大观，是在20世纪末的最后十年成为风云际会的美学风气。

其与传统书法的区分，乃在于，字距行距的突破传统范式。结字的时候，因字赋形，揖让之得体，收放的多变，似在不经意间涉笔成趣。空间位置的倾斜，互相拗救，发挥到极致，整体气氛是散逸，疏放，悠远。间架安排，则是线条生涩，信手为字，仿佛乱石铺街一样。而其大体的气象，则是朴拙含明快，以优游出顿挫，既敛气而蓄势，也纵放而取姿。一番恣纵，一番勒控，一番停蓄；一个字即是一个有机体，浑浩流转，生意纷披。

20世纪90年代初，这种风格跟星星美展一样，迭遭物议。卫道者以传统书法自居，提出流行书风不能成立的依据，撮其大要，是说它对传统的背离、脱落，以为跟古人的初衷、古人的经验大不一样，甚至全然对立。

其实这是一种绝大的误解。

清代文学家汪容甫以为："读书十年，可以不通。""不通"二字，俗人多不能解，实则非读书积年有得，又肯虚心者，不能出此言。晚清的文论名师林纾，更肯定地说："文章只要有妙趣，不必责其何出。”其人都是深得艺术辩证法神髓的高手。这种“不通”的境界，在书法而言，就是涩味。由那出神入化的涩，带出机趣的讲究，带出美术性造型的意味，即古人所谓“有关者自己痛痒处”。甚至不避呻吟、不避俚俗、不避拗晦、不避退缩，但这一切，都是在敛气而蓄势的机括当中，遥控而结构之。其结果，却是一种天然出之的天真妙境。

这其中，有思想，有内涵，最为特出者，乃是它的美术性。因为美术性，造成线条的永不寂寞，似闻变徵之声，士为之泣；又闻羽声，人为之怒。它有调动人心的力量，令其自然生感。

晚清时节，书法之道已烂熟，欣赏趣味，超前宽泛。刘熙载《艺概》即问世于斯时。无垂不缩，无往不收。他说，以欹侧胜者，暗中必有拨转机关者也。他说，怪石以丑为美，丑到极处，便是美到极处，不工者，工之极也。他又说，它的通达、奇警、博大的辩证法，也全然可以用来解释近时代的流行书风。

流行书风的创造性是和它的美术性一而二、二而一的。如老杜诗歌中的随心所欲的倒装句式，神龙变化的语序，流行书风是将碑学帖学融会贯通而加以重构。它对传统的理解与所谓功底派不同。功底的末流往往流于复制描摹，多失神采。也有接近古人的，但观者反不谓奇。为什么呢？力不足而强为之，气力也就在那过程中衰竭穷尽了。

也有对传统自得其神，加以综合，辩证地杂糅了多味元素，走得很远，却并没有邯郸学步，也没有“望故乡邈邈，归思难收”。而是随时可以来去自如，毫无局促之态。这就是流行书风。在它那里，传统相应变为一种隐藏得很深的“伏脉”。而且书家也更重视另一种传统，如晋人尺牍、砖瓦文字、墓志碑刻、秦汉木简……跟民国初年的文学情形相似，六朝小赋、佛经文字、晚明小品、敦煌变文、小说传奇等，大规模重新发掘，被重新赋予美学相位，艺术生命的价值，随之更为厚重，经久不灭。(《流行书风作品集》：河北教育出版社）

闻芬芳，寻旧径

语文水准多年连续下滑，人文境界疲沓不振，导致民族文化气质黯然失色。百年干戈相寻，乱世国运衰微，文化受连累，造成永久性内伤。迁延至今，大学文科博士写不成一张像样便条，已非鲜见、罕见，指摘者甚众。文章无家可归，文字著译面目可憎，于人心、社会、文化建设略无益处，此又不特社会底层语文水准可虞，即在号称知识分子的庞大人群中，也是学风薄弱、文风恶劣；其笔下文字，不像活人运笔，倒像塑料模具在卖弄。这种文化的悲哀已令有识之士痛心疾首，吁求改进，曾见全国人大常委会副委员长许嘉璐先生呼吁改进文史教学，夯实国学底子，真明眼人也。他认为，多年极“左”政治运动导致文化断层，教训惨痛，中国大陆学生对汉字的敏感甚至远逊日本、中国台湾。他建议以古诗文名篇为先导，拓开回溯国学的管道，“历代诗文汪洋大海中的珍品，都是人生哲理、中国魂，字不虚设，一篇顶若干篇。”（《人民日报》，2000 年 2 月 25 日）此痛切之言，亦见道之言也。

身处现代，必不容我辈与古人等视，也绝不可能倒行复古；但引进西学，仍应以强厚国学素养为背景、基础，方可真正融会贯通，成为我文化血脉中新生、自然之一部分。否则如重危病人猛而进补，药性与体能不合，性质歧出，其不斫丧本元命脉者，未之有也。哈耶克，大经济学家也，近年其著述大量译文进入中国，可惜几种译本俱不理想，通篇充斥这样的恶性欧化译文："在一个社会将消灭贫困和保障最低限度的福利视作自身职责的事态，与一个社会认为自己有权确定每个人之公正地位并向其分配它所认定的个人应得之物的事态之间，实在存在着天壤之别。"整部译文如此夹缠梗阻，噎塞不通，句义不明，文义模糊，负面效应大于正面意义，有何裨益？费力看到头涨，昏昏然不知所谓，失却迻译的意义，不如不译。就算商务汉译名著丛书，该算顶尖的译著了罢，读来也大多似是而非。其实近年西书译本，多有民国时期的旧译，我们何不回头寻宝呢？如穆勒的《论自由》，就早有严复及马君武先生的两种旧译，译笔灵动劲丽，妥帖传神，且极富游刃有余的从容，译述作者原意，真是登堂入室，把臂入林，全无隔膜。如此则于他人思想的介绍，不负拿来主义的大旨，何似今人重三倒四，捉襟见肘，各种著译，厚似砖头，绕来绕去，如入无趣之迷宫，雾水满头，不知所云。此不特浪费资源，且是扼杀生命。可悲者，恶劣的商业文体已泛滥于媒介，迁入学术文体，触目皆是这样的文句："没有比知道我们怎么努力也不能使情况改变这件事更使一个人的处境变得令人难以忍受了，即使我们从来没有精神上的力量去作出必要的牺牲，但也要知道这一点，即只要我们努力奋斗就能够摆脱这种处境，就会使许多令人难以忍受的处境成为可以容忍的了。"（《通往奴役之路》）蹩脚拗口，生搬硬套，一至于此。细揣其意，不过是说——费尽移山心力而处境仍旧，悲莫逾乎此者。就算心血付出尚少，但是，倘若坚信发愤可改善窘状，则逆境也未始不能容忍。

笔者如此加以改译，两者比较，是否清通明晰、文义显豁易领会，要胜乎原译的啰唆夹缠呢?

香港中文大学教授金圣华先生对“译文体”的危害忧心忡忡。他认为这种劣败文风竟得流行，不中不西，非驴非马，佶屈聱牙，从社会生活文字浸入学术文化殿堂，为时已久。文化人长年累月接触之，早已是非不分，美丑难辨了。

语文的样貌看似并不直接作用于民生经济，但它却涉及一个民族的灵魂，自有其根本的重要性在。阅旧报得知，俄罗斯总统普京一上台，即对民族语文畸变现象保有绝深体认和警觉。他认为“外部世界汹涌而入，给普希金、托尔斯泰和契诃夫的母语带来了由商业行话、广告歌曲、计算机术语及外国电影俚语组成的不和谐音”(《参考消息》, 2000 年 4 月 1 日)。因此，他下令成立俄语委员会，由四十五位人文专家组成，任务是“清除俄语中歪曲词义、胡乱生造新词及愚蠢的外来词源源不断的现象，来扶正俄罗斯民族的脊梁，建立民族自豪感”(《参考消息》, 2000 年 4 月 1 日)。普京乃出身克格勃系统的资深间谍，不料这个总统还真是要得！挽既衰之人文，何殊风雨鸡鸣。其对母语语文如此一往情深，令人大有“我见犹怜，何况老奴”之慨。他的文学祖宗普氏、托翁、契诃夫等地下有知，也当颔首、拊掌莞尔！而中国文化传统较之俄罗斯历史更其深郁，灿烂，源远流长，然而，国文传统芬芳之飘零消歇，流逝之速，败落之甚，也委实令人震恐。古人视语文为灵物，乃因语言文字之内核有一种神异的附着力，今人舍此，无异舍本。是以整理国故，潜心国粹，正堪慰积年之饥渴，力挽当代人文之干涸。注入生机，抢救沉疴，于国学丰厚遗产之古茂渊懿，金刚智慧，实深利赖之。

文章无味甚于黄瓜

读那些大打呵欠的文章，大有堕入文字障之感，仿佛置身巨洋，而无丝毫援手之可能，情绪终在绝望中不能自拔。这种可憎文章数量之多，每日联翩招摇于各类传媒，避都避不开。如谓:“听他的话，在密雨斜风的深夜里，我望着阴沉的天空，为第一线的人祈祷”，以下仍每一句无间隔密集着“……的世界……的事……的奇迹……的现象……的传统……的力量……”（以上并非排比句）

又如:“自由是人们长期追求的，自由总是与风险联系在一起的。自由就意味着个人选择，有时这种选择也是痛苦的，因为未来是不确定的。”（以下以篇幅所限不能俱引）

一个“的”在句腹，像是中医所说的噎塞不通之症；一个“的”在句尾，像云南人说的是憨包说话；同样“的的”不休，叫人好生不耐！还有被动语态，也是众写家下笔不能自禁者，“所伐之木积满山坡”要写成“山坡被那些被砍下来的木材堆满”,“风暴困住我们了”要写成“我们被恶劣的气候困住了。”另如“被认为……被当做……被受到奖励……”等等，充斥报章文句。文章发表出来，昭彰在人耳目，说重一点，生产大量这样的文字，其作者可谓毫无心肝。

作家创作，也包括广义的文化写作，应以个别代替一般，此为表现力之要素，忽略不得；然而看看铺天盖地的传媒，不知有多少蹩脚者在那里故作解人，下笔汗浸，结果，是拙劣成为常态。

其表现乃是瘫软无骨，四平八稳，既不能时时激起漂亮的浪花，更难以形成思想之冲击。其所造成，乃以懒思考、不读书、无追求、乏情趣之状态盘踞心胸。而形式与内容本是一物之两面，一看文章的样貌，他能生产出怎样的“思想”来，也就可知。然而这些下笔不休者，且又往往以思想专家、文化学者面目出现，其人由少而壮，自壮而老，一辈子都在一成不变中生产这种定型产品。他们就这样安步当车，仿佛修得正果，通篇一贯，板结不化，尽是呆相死相，简直看不到活人捉笔的迹象！

词汇贫乏到蕞尔之微、句法又如此疲沓不振，加上他们那庸常的思想，懒散的头脑，传统中文的大气活泼、充实凝练，也就给糟蹋到了极端。其乐此不疲而码字洋洋成篇者，也竟称为文章——每天大量出现于报端，在得过且过中，潜移默化蚕食国人精神，也在一种消极推进的同时得以完成。其斫伤国文元气，真是罪无可赦。

正像宋代诗文整体不如前代，乃以文治武功大逊之故；今日文章之庸俗无力，面目可憎，也同寡情卑下的世风相关。两者正是孪生般的亲戚，即今偶有一二才智之士，不愿为此常格所限，然其辉光，也转眼淹没于浩浩无际的死水文字里面了。

清末民初那种浅显文言，或文白融会得当而成佳偶的文章，往往能得传统中文的神妙之处，大开大阖，收放由心，如巨匠之运斤；而章法谨严，隶事精切传神，若邵飘萍、黄远庸的时评、报道，孙中山之大量演辞及论文……化得古人神髓，值得反复玩味。二十年以前，掰开一根黄瓜来，小孩咬上一口，清香注满整个院子；今日则掰断整筐黄瓜也是白搭，食之无味，弃之可惜，叫人气馁；化肥破坏土壤、农作物，导致其质量下降之速度可惊可叹。心灵出品也若此：旧时文章其味深永，著者往往煞费苦心；今则纸腐墨朽，文字无灵而致人物无良，滑落之速，不啻“骏马下注千丈坡”也，文字惨况，实更有甚于黄瓜者，说来令人太多愧对前人之处！

文字灵幻

一

和尚住在山林里，好战分子住在硝烟里，屠夫住在嗜杀的快感里，山人住在清谈里；四时行，百物生，农夫住在庄稼里；犬儒派的安提斯奥尼住在大桶里，只求别人不要挡住他的阳光就觉得万幸了。

俗尘万斛，无有好怀的书生绕树三匝，无枝可栖，彷徨于无地，终于住进文字积层里。有人时间一长，养成了凭感觉鉴别文字高下的心眼，就决计只住在第一流的文字里。一个老头尝谓李敖，说他在当世简直看不到什么好文章，失望之余，只好动手自己写几篇来过瘾。他是决不和滥套文字同流的人，他要住在自己的精神建筑里面。

文字的灵幻和魔力绝大部分来自文言文。1932 年钱锺书先生在苏州一条古巷中，和近代大诗人、当时的文坛前辈陈衍先生长谈。陈衍知道钱锺书先生学的是外国文学，就慨叹说："文学又何必向外国去学呢！咱们中国文学不就很好吗？"意见虽偏颇，却也有这些文学老辈长期涵泳于古典文学不朽美感的话外音（《七缀集》）。林纾也不喜欢别人说他是译介高手，而喜欢听人赞他是古文大家。此中确有真意在啊！鲁迅虽出于别的考虑力抵青年读古书，但他自己的文章之漂亮多得力于文言作品，经一番杂糅融铸，时时激起漂亮的浪花。胡适乃一代巨人，他倡导白话文，并将其捧到至高无上的地位，结果行文少修炼，倡白话而止于白话。他的文章，也就同叉手并脚的田舍汉一样，品难高矣！白话文历史短，积累薄，浅水而能负大舟？未之闻也。我们可以说爱因斯坦的成就和深度远过牛顿，却很难说现代作家的文笔超过庄、孟、六朝小赋、晚唐小品、晚明随笔。此盖因古文历千年之久，老而成精，凝聚深郁，其色正、其光永、其味妙、其境高，历久弥新，令人研磨不尽矣！

伏读古色斑斓的文言作品，好像旧时人文流香的岁月真的又回到眼前，满目如雨洗后空翠的丛山。韩愈说“字向纸上皆轩昂”，可知其文字的生命力了。袁枚以为古文之所以能“古”，乃因其立言之顷，能字字立于纸上。能稳稳地站住脚跟，焉能不古！反观今之俗滥写家，为文造情，笔下多冗文赘句，那就不是字字立于纸上，而是倒卧在纸上了；这样，又怎能从今人文字中求思想文采？民间文论谓“一寸金、二寸银、三寸四寸不是文”，唯此，则今人文章虽多，亦只是徒然增加其纸腐墨臭的数量而已。追往事，思来者，能不感慨万千？前人尝谓“好书堆案转甘贫”，亦因文字魅力造成的精神炼金术膨胀而挤掉物质困乏的怨嗟。

二

古人看重文章之美，不仅在文学作品中，就是常用公文，也展现中文独绝的魅力。文言文自古人心灵出，复能滋养心灵，是与生命情怀同在的东西。这种传统在近代都还保持得很好。专业作家，固勿论矣，即便一般报章，配合当时时事近闻，力就速成，却因文学功底深厚，思想文采，均大有可观；加以书生办报，真言谠论，志士匡时，关心民瘼的痛烈心境，是郁然楮墨内外的。梁启超、陈布雷、邵飘萍、张恨水、张友鸾、张慧剑、严独鹤、范烟桥、郑逸梅、包笑天、周瘦鹃，既是报人，又是作家……读他们的文章，真可以强化我辈对中文的痴迷。新闻界先达、《京报》创始人邵飘萍以为写评论须“含有美术之意味”，“除去记述某问题之理由见解外，其文词须具几分动人之魔力”。他自己的文章，不论长短，俱清通简要，雅善讥弹，今人哪有这样的笔力和抱负！

自“五四”以还，文言扑而白话兴，然最可怪者，新文学大家，若鲁迅、郁达夫、茅盾、俞平伯、郑振铎、林语堂、梁实秋……都是饱读古书，虽以白话行文，而笔下颇有文言气息的。林语堂幼少时代长期得西化标准教学，后自惭中文涵养贫弱，也曾旰食宵衣，见缝插针地猛补中文之课，终于三折肱而为国手，文境练达高华，独树一帜。张恨水的文言散文、旧体诗词，其文心美境，品质之高，更是傲视同侪。钱锺书先生以标准纯粹之文言写成的《管锥编》《谈艺录》巨著，以文言装新酒，新旧勾兑，于文言又有不可思议的发展，读之但见精微奥博，深透劲锐，惊心动魄之作，唯有惊服而已。

我手写我口，固有其合理性，但也有其偶然性所致局限。直录口语之文字，其价值必大打折扣。口、笔毕竟不是浑化无间的一家，“写话”的结果是“不像话”。

文言百炼成精，同时获得不灭的灵幻。白话是水果，熟极而朽；文言是琥珀，千年弥新。文言涵容古人脑汁学养。古人钩深致远，一切又以智慧推敲为归依，终于雅驯深异而能不断发荣滋长。古人对文字的敏感和修炼，又总要教人想起啼血的杜鹃、填海的精卫。以单调口语为师，率尔而为的白话文，自然不能同文言抗衡比肩。文言的层出不穷的修辞妙境、情怀哲思，在表达上往往又神乎其技。文字赏味过程，是生命智慧的再生过程，谓之惊心动魄，不为过也。

三

古代阿拉伯人论文，谓之“体”（body），中国人更早有“文体”之说，“自汉至魏四百余年，辞人才子，文体三变”（《宋书·回谢灵运传论》）。其形容入骨，让人仿佛看见文章跟身体感官的关系似的。有人思想跑马，甚至由文体想到温泉水滑洗凝脂的令人欲仙欲死的“体”，另一类文章让人想到罗丹刀下老妓罗米哀愁皱皮干瘪的不堪的“体”。诸子百家，阐发黄老之隐幽，剖抉生死之根柢，决思索之疣，溃疑惑之痈，辞旨纵横，若木叶干壳，乘风东西，飘飘乎天地之间，无所不至。此种“体”，该是列子御风而行的仙体了。而王了一的《龙虫并雕斋琐语》，有时是西洋书籍挟来的灵感，有时又是线装古典唤起的回忆。结果，行文体式或善性欧化，或新体四六，更兼以学问博洽，书袋时时来掉他，纷纷涌入他的笔下，兼容并包，其味深足，像上等橄榄。是故，古人“敷文华以纬国典，守贱薄而无闷容”（《后汉书》，卷四十），推扬辞藻与文章情致。文章雕缛成体的过程，实在也就是思想不同程度地震撼而丰饶其文化内蕴的过程。大学文科教材尝谓文史哲不分家，也就是经史子集不分家，在求得文字的思想震撼和乐趣享受方面，此论实在完全成立。即如正史（《旧五代史》，卷七十五）记10世纪事："宿州奏，飞蝗抱草乾死。河南府奏，飞蝗大下，遍满山野，草苗木叶食之皆尽，人多饿死。陕西奏，飞蝗入界，伤食五稼及竹木之叶。辛未，遣内外臣僚二十八人往诸道州府率借粟麦，立法甚峻，民间碓磨泥封之，隐其数者皆毙之，由是人不聊生，物情胥怨。是月，诸州郡大蝗，所至草木皆尽。"文字不是雕缛分明而力透纸背吗？关心民瘼的心境郁然附丽于文字之外，可谓器识与文艺兼优，正不必详其甲乙。思想与文采心情，构成文章葱茏之体，文字灵幻，是其内核。古人重文章，是由文字出发而兼顾其各方面多边。蜀国的高层参谋，当初就曾不满诸葛亮，"或怪亮文采不艳，而过于丁宁周至"（《三国志·诸葛亮传论》）。要下笔富文采，才称得上一代伟人！

当今中文的衰微，也是不争的事实。美感、力量、气度、胸襟结缘谁与，当视心灵而定，惶惑无知轻薄自大的现代人，行尸走肉无异行政机器。古典气质情怀，既已风流云散，彼辈又误以为文章也可等同塑料消费品来批量生产，仁义不彰，礼信潜形，文体的破败断裂，也就成了必然之势。传统既失，而外来词汇也以商业寡头的好恶而取舍，结果不伦不类之单词句法杂沓纷至，格调卑下的译文不须粉墨悍然登场。青年作家舍远求近，见之牛吸鲸吞，造成种种消化严重不良的翻译体。新闻纸上的种种社论，一撇手就是几千字，平庸冗长到令人昏昏欲睡，发下去供各地开会念经，其别扭生硬，乖戾不经，洵类蹩脚的俄文翻译。看看国人漠然委琐的精神状态，同那惯常文体，直无甚区分！

四

文言文固有的这种灵幻气质在极少量的现代作家中得到表现。香港文学奇人董桥即是一位。余光中先生哀中文式微，倡导以文言及善性西化句法渗透现代中文，文、白比例作适当安排，是“文白佳偶，不是文白冤家”。董桥文章，古处极古、洋处极洋，其文章的所有质素，若字、词、句、段、篇、意，调和鼎鼐，收放得体，擒纵自如，一若意中所欲出。兼以他对中、西文的高度敏感，文字内里，融铸一种铁树开花般罕见而极为得体、极为熨帖的气质；当中，更有士大夫情怀的旧时月色和现代知识分子的忧患意识，让人辄发惊艳之感。国内文章高手、四川大学张放教授对他也甚推服，今年盛夏，忽赐函谈董桥：“最近又购得董著二册，读之疑是天人之作，目感极佳。放在龚兄那儿的文章更是精彩纷呈。可惜这个时代，世无英雄，反使竖子成名，某某某之类滥竽文坛，董桥这一代巨笔鲜为人知，寂寞圣贤事，可知极是也。我心向往这条寂寞路，但为了生活，又不得不为五斗米折腰，心中苦闷，也只有古人书可慰我了。”十年浩劫，四凶横行，书生败衄，斯文扫地，更兼以风雨如晦，人妖颠倒，文化所受重创之深几至沦亡，强加文化人头上的种种离谱规条戒律，破坏力之强，至今难以恢复元气。故自叹此厢文章例受阉割，枯干无生机之余，见到董桥、余光中这样的巨笔、这样的文字灵幻，当然要惊为天人之作了。

五

我们谓中国文字（文章）之美，不仅指其雅善修辞，还更多地摆脱其神采、气势、风骨、韵味、格调、灵思、妙喻，这一切，又与思想息息相关。文章求美，也可说是一种病，诗可以怨，蚌病成珠，和人的诞生的原始痛苦同时俱来。钱锺书先生说："且以艺术写心乐志，亦人生大欲所存，譬如野人穴居崖宿，而容膝之处，壁作图画；茹毛饮血，而歌鲜之刀，柄雕花纹。斯皆娱目恣手，初无裨于蔽风雨，救饥渴也。"（《谈艺录》,第 39 页）文生于情,然情感本身,不是文学,必待一番雕琢创造，才是艺术。词句音节之美，由于文学的特殊性，往往由手段变为目的。

文章究竟是一种经国大业，不朽盛事，抑或只是一种雕虫小技、管锥之奴？这些似可搁置一边；但它无论如何应是一种心灵的出品，或痛烈孤愤，或呕心沥血，或春水溢塘，或大河前横，必以不同的境况风格与美结缘。求诸古典文学，其所蕴涵之智慧预见及灵性的光彩，总要教人惊服，直到秘之若宝。现代社会的到来，信息多元，奔竞趋烈，压抑的重围和商业的注入，更把现代人逼到精神领地的角落，像一只只干瘪不堪的废橘，加以电子传媒来势迅猛，听觉运用远过视觉运用，和文字的缘分，更疏远了一层。报纸上泛滥成灾的速食文字，一时间成为"白领"及准白领的抢手货。那是他们的精神手纸，其文字加工厂每天按流行程序，从他们破败的心——不，破哑的嗓子喊出爱啊，玩啊，为富不仁啊，大款小妞最多情啊，如此等等。小市民呢，目睹这一切，更是羡慕到把眼珠鼓得像要出膛的子弹，别说文章之美，就是一般像样的新闻文字，也被挤向一隅；

至于文化，更是沦为游艺杂耍。徐弘祖当年摩顶放踵，栉风沐雨，穷究山川幽奥，他是把天地法象，当做大自然天然文字来赏味的。然而，逝水如斯，人生如梦，自己虽然冲风雨，触寒暑历三十余年，可是无情岁月增中减，这一切都是要过去的，就像烟云的飘忽一样。弘祖先生是高明的，从淮浦登舟的那一天起，他就成竹在胸了，他要拿文字为美定型！“又二里，遂随西峡下，坠峡穿箐，路既蒙茸，雨复连绵。”“四山回合于其上，底圆整如镜，得良畴数千亩，村庐错落，鸡犬桑麻，俱有灵气。”山川灵异，久秘不宣，借畸人奇文异书以传。果然，五十万字的天机胸次，文词繁委，摹情绘景，雅丽自赏，渗透字里行间的绮丽情怀，挥都挥不去。其品藻千古，经纬六合，文章与大自然，二而一，一而二，难分轩轾，迷离盘错！

邱雨庵（清泉）论兵，尝谓“三层火网，子母连环，立体三层，平面三层，上下掩护，内外策应，缩小正面，加大纵深”(《教战一集》)。这和余光中的文章，络绎缤纷，锦绣有章，不是很相类似吗？克劳塞维茨尝以为战争是一种艺术，但绝不是常规艺术，其实也暗含文章之道，翻转层深，闪避旁逸，文若看山不喜平，总要起伏，收放自如，才算奇崛。要之，只要不和贱肉横生的文奴文佣把臂入林，则文字的讲究，只会增益思想的深度。鲁迅文章，文句泊漾，虚词迤逦，种种回环的空间，潆洄水抱，颇有积雨空林的朗畅幽谧。英词盘郁，可润金石，这实在不在战斗性之外。为第一流的文章着迷，实则着迷于文字灵幻，那是传达潜在意义的一种符号，其内蕴真谛，经得起长久挖掘。

名报人的文学绝响

——奇书《重庆客》

上世纪 30 年代末 40 年代初、中期，重庆《新民报》出现一种特别的文体,备受读者欢迎。它的作者,乃是副刊名家程沧(程大千)。民国时期，军队在向现代军人转进，谋臣如雨，名将联翩；而报界的副刊名家，也是奇人辈出，才情四射。

程大千先生的小说语言，很奇怪地，和当时的名报人，如张恨水、张慧剑等有所区分。恨水的行文,是极从容悠缓的,像大江大河,浩浩荡荡整体推进。其和鸳鸯蝴蝶派的哀感顽艳更是两路，和左翼青年的恶俗欧化更是颇不相类。程先生的行文，简捷爽利，有些欧化的影子；但这种欧化，是善性有节制的，好像是点到为止，因此在句法的安排上有清新的洋味，而在字词的选择上，又将旧文学词汇的生命力与当时的新词杂糅合用之，强弱巧拙的分寸感极得体，造成一种醒豁得力的句法效果。在转折过渡的叙述上，甚至加入了政论时评的诘问与点染,故其整体效应,像陶诗一样,是有篇又有句,因此，篇幅有限，而容量奇大。

小说写到今天，我们发觉社会背景的渲染越发的低落，传人渐少，是“骏马下注千丈坡”。这种现象，却并非文体的增进，实际上是观察力的退化跌落。大千先生的优越却正在这里。他的笔触中，社会背景的渲染烘托，仿佛国画精品的罩染一样，一层深似一层，一层密似一层，周到妥帖，但其中又在在不乏疏松的透风之处，那是重庆，是战时的重庆，是雾都，小人物的哀号，下层知识分子的绝望，交际场的暴发户和淑女，社会的众生相及市井风习里面，有民族的血泪，有干戈扰攘的世道，有令人扼腕的不上轨道的政治……因了文体的关系，好像裹着糖衣，回味过后，越见其愤懑与苦涩。

赵超构先生说他的笔墨“题材是莫泊桑的，而其文字的风格则是属于马克吐温的”。我以为这种笔墨后面的心境，则是结合了契诃夫的哀伤忧郁和高尔基的绝叫愤怒。文体介于新闻特写跟短篇小说之间，轻捷爽利则胜于小说，细节的渲染深化又强过新闻作品，两者善性融会造成对阅读心理的占领。文笔的运用精细绝伦，一两千字的篇幅里，有的简直是包袱一路抖开，或者起承转合柳暗花明，盘马弯弓，尺幅千里，端的是言外语意还有千重，篇篇搔着人的痒处，思绪沉浸在他所造设的氛围里面，久之不能自拔。

《来凤驿》寥寥千把字，写了战争时期人心流变，情感的出位，发国难财者的影子，朦朦胧胧，影影绰绰，有点神秘，又有些清晰，像模糊的铜镜。《十二磅热水瓶》就一个疯汉在路边小店点菜的可笑的图景，带出滇缅路这条战时大动脉上的辛酸与悲情。《风雨谈》则以古典散文绘景的手腕，一路迤逦写来，当中融会了小品、时评、调侃诸笔法，随时轻松点染中西典故，然而“战都千万种的不平，都交给它爆炸了”。读之胸臆充溢深重的嗒然。《战都酒徒》则素描几种酒客的行状，从个人的遭际，从清寒的杯底，看出民族的哀乐。这些都是事出有因查无实据的大时代的小故事。

他解析探究苦难、荒谬的社会生态，以他横空出世的卓异椽笔，将其转化为一篇篇精妙无比的艺术品，那无可替代的精妙绝伦的素描体小说。在所谓现代文学这个概念中，也许他的作品才是文坛短篇小说的最高成就。整个 20 世纪 40 年代，他创作了近千篇这样题材的文章。

副刊三张（恨水、慧剑、友鸾）中的张友鸾先生说，大千那时只有三十出头的年纪，他心情不愉快不运笔，太高兴了也不写，吃了酒也不握管，“不写文章的条件多得很，及至他提起了笔，那就泰山崩于前而不惊，什么他都不管，整个的生命都交给了那一支笔……唯有他才有这样一双冷眼！”大千乃一眼镜白面书生，但他这一创作的态势，像极了五星上将麦克阿瑟，运筹帷幄，决战千里，又像王猛，扪虱而谈，旁若无人；而技术的细节上，则运用之妙，存乎一心，结撰转折，巧不可阶，处处体现万事等闲的雄才大略，那高度的把握能力。

大千先生的文章文气之旺，笔锋之健，转折之出乎意料，充溢一种沛然不磨的英迈之气，放在现当代文学史上来看，这等于是他独创的文体。然而被文学史忽略也实在令人讶异。即以小说而言，是独此一家，别无分店，而且笔意最醇味道最浓，那介于《史记》列传部分和《世说新语》之间的笔法，信手拈来，皆成妙谛。乱世里的人生况味是如何的一种情状，莫不跃然纸上，这样子的作品，才能自拔于一般性的文学，而称之为艺术。从文体意义上说，《重庆客》这样的文章，已是文学史上的绝响。可惜的是这样的好书，仅见上世纪 80 年代初重庆出版社的刊本，后则杳无音信。像大千先生这样的英俊异才，是当时报界的重镇，更是报人中不可复制的天才。几十年来他早被文学界遗忘得一干二净。这是后人的失察，也是后人的不幸……

【补记，程大千（常用笔名司马訏）是《新民报》的台柱子之一，四川成都人。关于他的资料，少之又少。近蒙《新民报》耆宿张林岚老先生馈赠回忆录《腊后春前》，得观较详细之第一手记录。

陪都时代，大千和张友鸾、郑拾风是形影不离的文友酒友。抗战胜利，他被也是川人的报业巨头陈铭德派到南京主持《新民报》笔政。正值接收时期，哪里买得到飞机票？只有坐船，到宜昌得知长江中还有水雷待清除，又改陆路，走了整整一个月才到南京，不久因后方空虚，他又被抽调回重庆。返渝之日，编辑部全盘出动欢迎，咨询新收复区情形。重庆大田湾坡下他家里天天客人满座。张林岚因年轻不好意思去凑热闹。这下大千反而来看他，说你好大的架子哟！邀请他到他家吃饭。他家是两间草房，大千说，你不怕辣的话，常到我家便饭，正宗的成都味道！张先生视之为一见如故、臭味相投之师长。到了 1946 年 5 月，又迁移到上海，创办沪版的《新民报》，存续至今的《新民晚报》即此报。大千自谦四川土包子，到了上海，坚持只任副总编，与赵超构搭档指挥全面，自此定居上海。以后的日子里，运动不断，国遭重创，人而非人，其创作遂告终结。上海阶段的初期，张先生还模仿大千笔调写过不少小品。

大千乃现代新闻界也是文学界罕见的盖世奇才，系现代新式、新体晚报之里程碑式人物，实为四川文化人的骄傲。可惜其作品长期埋没。笔者曾鼎力游说，然而言者谆谆，听者藐藐。笔者乃著文赏鉴，终有出版家前来问津，并辗转与其后人取得联系，此诚馨香祷祝之善果也。】

文风一瞥

中文的命运是个谜，几十年的迁流变幻，大过从前的百年、千年。汉语文章几千年来自有其内在的美学基调，也即仍有其风味气韵；然其流失，竟如明炉燎鸿毛，也甚速甚易。读传媒文章是一种苦差事，思之可叹。

譬如一些“专家”之提案文章：

“地方各级政府和部门，西部地区政府和部门，在实施西部大开发战略上，要进一步解放思想，更新观念，逐步确立适应西部开发需要的新思想、新观念。要强调和确立‘大开发大开放，小开放大发展’的观念。西部要实现大开发，就必须进一步解放思想，加大改革开放的力度……”

他们在说什么啊！

又如：“我们要通过强化国有经济控制力在数量、质量、能量和功能‘四位一体’的优势，既保持国有经济必要的数量，更要有分布的优化和质的提高，努力增强国有经济的控制力影响力和带动力。”

又有杂文家朱铁志所举“官话”典型样本：“我们不仅要种好西瓜，也要种好南瓜、冬瓜、哈密瓜以及一切适宜本地种植的各种各样的瓜。不仅要种好各种瓜，还要种好与之相关的各种作物。不仅要种好各种作物，还要搞好农田水利基本建设和其他各项与之配套的建设项目。为此，一要有一个明确的指导思想；二要有一条清晰的工作思路；三要有一套行之有效的具体办法；四要搞好队伍建设；五要加强党的领导；六要注意宏观调控和微观指导；七要思想到位、组织到位、资金到位、措施到位、人力到位；八要点面结合善于总结经验教训……”

通篇皆是这类无良语言“滚龙”——铁杆空洞之话语游戏。白话文倡行大半个世纪了，奇怪的是，越来越浅白的白话文反而越发地不易读懂了。每个字都是常用字，组合起来就能让人恍兮惚兮，空洞无物，不知所云。

同样是提案文章，退回几十年，是这样的：

“吾人深知国家为国际之一分子，在近代交通发达，万里如户庭之时，其相互关系之密切，有如心腹、唇齿、手足之相联系，牵一发而动全身，语云‘满堂饮酒，一人向隅而泣，则满堂为之不乐’。此言虽浅，可以喻国际之关系，今日本军阀，不惜倾其国民之生命膏血侵略中国，宰割华夏，毒焰正肆虐于中国之各城市，而国际友邦，未及燃眉，尚图幸免，岂知此毒焰如不能及时扑灭，一旦因风播扬，终不免有延烧及于全世界之一日……”（《国民参政会纪实》：重庆出版社）

那时候的文章，识大体，每一段文字都是才思焕发的语文瑰宝；即令公文，也大多如此，意旨明确，文词练达，所指清晰，氤氲之中有灵气，洵堪感发人心。这样的文章，在当时最平易不过，无甚特殊；可是在今天，已是旨甘香美的席上之珍了。

诺贝尔奖与语文传统

美籍华人作家李欧梵《诺贝尔症状》一文，论说中国文学与诺奖之无缘，提到一个重要的消息，乃是1998年10月5日的《纽纽客》杂志与诺奖评委访谈，评委说“中国曾发生过文化大革命的事件，这对中国是一个问题，而对我们也是一个问题”(《书城》，1998年第11期)。

那人点到即止，虽寥寥数语，似较所有分析无缘获奖之文章都深刻。首先“文革”十年浩劫，对人类生命蔑视、毁伤、打杀，达于极点，退步之速、黑暗过于中世纪，人妖颠倒，造成一个非人的惨厉世界。祸国集团故意漠视消费理论供求的原则，令经济濒临崩溃边缘。“四凶”专制为消灭自由思想，对知识分子发动大规模鞭笞、监禁、杀戮，从灵肉双边加以根除。

中国虽已步入改革开放之大道，然十年浩劫毕竟去今未远。其流弊恶果，浸透民族肌体，除不胜除。人与人之间，骨骼碎于压抑，心志又迷于金钱，助纣为虐、奸诈无情那一套风行社会，寻求庇护来为非作歹。作家挣扎其中，分化急剧，导致心地狭隘，器局有限，距伟大人文理想渐行渐远。缺德无礼、浅学寡识成为常态。且号称作家人群的庞大队伍中，似乎还找不到一位浸透传统文化资质的重量级的大手笔；借鉴西方手法者为数似已不少，而其所得西式文化、民权因素却又一知半解、不伦不类、残缺不全。大传统的血缘既已不幸割断，一时补给不来；原有的自由思想及民主因子更加零落错杂，导致终身营养不良，其行事苍白病态，就终不可免。模仿西方文学多不能登堂入室或直接交流，仅靠一种可疑可憎的新译本，画虎类犬，结果下笔汹汹不休，形成一种非中非西非驴非马半生不熟的古怪文体，真仿佛“唯觉时之枕席，失向来之烟霞”。写得越多，文学怪胎越大。

文学是写出来的，到底要诉诸文字。1998年的诺贝尔文学奖获得者、葡萄牙文学家萨拉马戈认为作家的任务是用活的手段和方法保卫语文、善用语文。中国语文受创深巨，乃以历史动荡大势造成，作家难以保卫它，今日却应有重建接轨的信心。譬如有人遭遇洪水，载沉载浮，远离家园，漂至荒岛，甫站稳脚跟，即当寻求返回的路径，不能在荒芜之地破罐破摔，如是则与等死无异了。

按说国家不幸诗家幸，根据这一文艺原理，总该有大手笔出现了。殊不知那是在历史虽然动荡，而语文传统尚存的前提下方可成立。若十年浩劫，黄钟毁弃，瓦釜雷鸣，仇视文化，埋葬知识，竟成为一般社会心理。专制者恨不得人人皆成行尸走肉，不再具有历史观念，其对民族头脑的杀伤，乃是毁灭性的。受毁伤的一代或几代人若不真正虚心从头做起，遗传下去，贻害更巨。如此则文学的复兴重建，至多可得表层的热闹。以肤浅文学的货色，而埋怨诺奖文学评委的有眼无珠，乃如乳臭小儿欲得结婚证，没有这个道理。而埋怨总喋喋不休，就不免令人生疑，想到旧时“吃教”一族，今变为“吃奖”专业户了。当然，像《围城》那样的杰作而不获奖，确也见出评委的老悖昏聩。不过《围城》是五十年前的“旧文学”了，虽然那时尚未发生文化大革命。

西式政体下的活泼民风与坚实文化，自保有其数百年的民主政治理念的濡染，不是烂熟商业英语，就可得手的；三千年来的大传统文化资源，也不是口诵几首唐诗宋词就可接通。真正传统的有机部分，永远是活的；把它变为自身的血液，才有可能化为通身是力的武库。历史与现代，并不那么对立。强调传统的渊源，重视它的能动性、化育性、复杂性，这恐怕并不是骸骨的迷恋。

智慧牵引卓见

文章以思想文采为灵魂，为骨骼，为质地。二者严重匮乏者多坠入病态。徐敬业的《讨武则天檄》，文采略大于思想，宋玉的《高唐赋》亦然；太史公的《报任安书》，李密的《陈情表》，则思想大于文采；李华《吊古战场文》则文采思想兼擅胜场。虽有侧重不同，皆不妨为文学史之名篇。盖文章亦一具有生命力之整体，必命意收放起落裕如，整体提调功能为一有机系统，舍此则病。仿佛沈约所说“解衣一卧，肢体不复相关”。这就是人体已经缺乏整体综合摄取的功能，无处不痛，好像坏车行路。文章的病态也是这样。观一文章是否文采思想二美同具，则以见识，或曰文章的洞见即文中所体现出来的观察力为衡量的鹄的。

通常的观点，总是以为，曹操是礼教的维护者，而嵇康、阮籍们是反对毁坏礼教的。但鲁迅论阮籍、嵇康，说是他们的不信礼教，乃是有激使然，因为被人用礼教做刀，来架在他们的脖子上；而曹操之流，表面上维护礼教以道统自居，由此发号施令，实际上他是什么也不信的，他只信他自己。曹操杀害嵇康，司马懿杀害孔融，都加以不孝的罪名，实则曹操们何尝有半点的孝敬之心！所以他们的崇奉礼教，只是用以自利罢了。嵇、阮他们，表面上违抗礼教，言行俱烈，至于他们的本心，还是将礼教当做宝贝的。也可见他们的淤滞了。

在论述蒲松龄的《聊斋志异》的时候，他以为，狐狸精怪的大量出现，大量地化为美女少妇，乃是狐狸妖精来去自由，当中颇有中国男人不负责、善逃避、怕担当的深层心理。狐狸妖精则使之游刃有余，而不受现实社会的制约拘牵。

如此看来，鲁迅的见识，端的是手眼通天，一读之下，思维动弹不得。盖事实的真相，全在他视界之内，和他的把握之中，仿佛连续地侧空翻，最后稳稳当当立在一片惊叹之前。

唐德刚先生的智慧和他饱经忧患的经历，玉成了他对民族文化的大参悟、大会通、大圆融。在解读近代史的纷繁事项时，先生有极深邃、极超拔的文字。唐德刚先生严厉地下重墨笑骂洪秀全作为失意怨愤的小知识分子，舍“正途走偏锋”，做了“皇帝”之后，以强不知为知，推行个人臆断而误尽苍生，晚年更猜忌多人，杀尽功臣，直至心理变态，嗜欲好色，秽乱春宫……其愚可哂，其狂悖不可疗。他剖析这庞大的历史悲剧，却也承认，太平天国运动发生的现实性——相对于晚清的气数已尽，最后落实到机运和智慧上来定位：

“有智慧而无机运，则哲学家之幻想也；如有机运而无智慧，身在其位，而识见不能谋其政，则误国误民，问题就大了。”

唐先生论洪秀全这位落第的老童生，三家村的私塾老夫子，打下南京，——进城以后，可说是吐尽鸟气，“至于他心中有多少苍生，多少人民，吾不知也。”“可怜我们的洪老师从那个最落后的穷乡僻壤的紫荆山，一下看到那富丽堂皇五光十色的紫金山……这都是陛下我的江山吗！？洪老大沉不住气了。真是恨不得在‘桨声灯影里的秦淮河’中，一下淹死算了……”

他的议论，真可以说是具有泰山的巍峨，沧海的浩瀚。笔下不间断地携带一种如沐春风使人心服口服的魔力。屡有传神之笔，每每兴会所至，化腐朽为神奇，转愁惨之悲为解颐之愉。他的见识，一下就是一下，是弹无虚发极具重量的一下，仿佛身贴身，拳靠拳，一起一落都有千钧之力。其秉性之忠厚，情感之热烈，待人之真诚，行为之侠义，以及用心之苦，治事之勤，赴义之勇，都盐化于水般，在见识的创造中，作为经纬脉络而出现，在破败的人生中提炼道德的光芒和精神的崇高。

大哲学家哈耶克在论述托克维尔的时候，由其巨著《民主在美国》引申，以为民主是感化多数的唯一有效的方法。这一点在托克维尔的时代是如此，当今亦然。尤为紧要的是，民主还是一种形成意见的过程。民主的主要优长，除了它是一种遴选行政官员的方法，更在于这样一个事实，即大部分人积极参与形成意见，所以有相应数量的人员可供选择，以此消除人类狭隘心性的局限和盲区，消除对已知的执著——佛家称“所知障”——导致人们的偏狭和武断，带来世间的专横与不宽容。

哈耶克的社会哲学是从无知到自由的逻辑。对哈耶克认识论的简捷认知即是苏格拉底临终前告诫世人的话：“认识你们自己，从而承认你之所知微乎其微”，意即能够正确认识到自己的无知是一种真正的知识。他的一系列著作，尤其是《通向奴役之路》，出色地分析了在一个大型的社会中实行中央计划的不可能性，以及强制推行这种计划必然导致的对于自由的全面剥夺，导致对于人的全面奴役。

他的政治经济论断，把国际上纠纷缠绕的繁复事项，全球化带来的挑战，强权政治的挑战，民主政治所面对的挑战普遍性人类价值观所遭遇的挑战，一路上势如破竹，攻无不克；全属宏观长线式的议论。他之谓同一文化地区之内人与人的剧烈冲突，所引发的毁灭性危机，令人想到政治文明的进展落后于科技的飞速发达，人类能否安康生存，视乎他们的智力和智慧。他以敏锐的目光，洞彻认知专制极权的本质和自由主义思想的宝贵价值……那是一种炼石补天的功力。这样高屋建瓴的睿智见识，才真正可称得上是有利于国际民生。今之学院论文发达，著述如林，从业人员何啻数百千万！然求有思想分量者，寥若晨星，徒增印刷成本和垃圾。

见识一事在技术上需要“变本加厉”——在变异中求新也；在表达上需要“推波助澜”——用底气来巩固也；在效果上需要“破土而出”——柳暗花明也;如此在接受美学方面才能获得“肝胆相照”的契合效应。

生活的愿望以及在愿望的支配下发生的事情，总是以无限的方式增加，这就给见识的破土而出提供了可能性。高明的见识，当以观察社会现象、事实、转圜、矛盾、实质、材料历史，在此基础上有新的发明和推求。

德才学识数端，识在末端；从结果而言，也就是在顶尖，为最后胜出者。倘若见识短缺匮乏，则前三端必蒙尘甚厚。但假如前三者缺损疲塌，则识这一端，也可能是伪识，或四平八稳、或根本不通、或不知所云，即令掀起一时风浪，终于不免贻人笑柄。

民初译文的衣香鬓影

一

近世以来，西风东渐，翻译文章渐夥。观民国时期外文汉译之神采飞动，以对照今日，则今之译文，无疑为恹恹欲坠之病体也。

试观英国密尔的《论自由》一书：

1903 年马君武译本：

苟一国之政府，将一国才智之士，尽罗而入乎其中，则必大为进步之害。盖一国之政，必须旁观徒手之多数政治家，论列指陈其利害，发出等等与现在政府反对之政论，使政府之所法戒。（第五章）

商务印书馆 1996 年译本之同章同节：

若把一国中的主要能手尽数吸收入管制团体之内，这对于那个团体自身的智力活动和进步说来，也迟早是致命的。要遏止这种貌似相反实则密切联系的趋势，要刺激这个团体的能力使其保持高度水准，唯一的条件是对在这个团体外面的有同等能力的监视批评负责。

晚清时节文化巨子严复先生 1899 年译本，这一节是：

使一国之才力聪明，皆聚于政府，将不独于其所治者害也；即政府之智力，其所恃以为进步者，亦浸假与俱亡焉。是故自由之国，欲政府常有与时偕行之机，道在使居政府以外之人，常为之指摘而论议，其政府必有辞以对之。

再看此书《总论》中讲到古代社会专制之害，权力集中于一人、或一种一族之恶果：

严复译本：

不幸是最强者，时乃自啄其群，为虐无异所驱之残贼。则长嘴锯牙，为其民所大畏者，固其所耳。

马君武译本：

人民有不服者，用兵以摧杀之，与御外寇无异。呜呼，此国中之弱民遂如细虫纤鸟，日供秃鹫之掠食。

商务印书馆 1996 年译本：

权力被看做是一种武装，统治者会试图用以对付其臣民，正不亚于用以对付外来之敌人。在一个群体当中，为着保障较弱成员免遭无数鸷鹰的戕贼，就需要一个比余员都强的贼禽去压服它们。但是这个鹰王之喜戕其群并不亚于那些较次的贪物，于是这个群体又不免经常处于需要防御鹰王爪牙的状态。

将三者译文全书对照读之，其特征不难见出。严复译文奇崛深婉，用词古奥，或谓之得其寰中，有时也不免流于深涩，反害其义；甚至导致文意的走光，即文意不确。它的妙处是简古，坏处是读之拗口，阅之碍眼。但严复的译本多为开山之作。

马君武的译文，境界为三家中最高。他尽量顾及原文的叙述秩序，文藻讲究，造句练达，译序雅驯。译文相当考究传神，于原文宗旨，探其源流，明其原委，稍加组织，即为佳美中文。他所用为浅近文言，既尊重原作，也易于普及，造成理解、欣赏的最佳契机。

商务译本，其最大弊，为芜蔓不振，啰唆夹缠。仿佛在力求直译，贴近原文，实则为原文之仆役傀儡，如走路之怪步畏缩，不敢大踏步潇洒出门；如唱歌之哑嗓左调，徒增阅读障碍。其受束缚既深，又如何传情达意，而原文精神水银泄地矣！

二

文言的转为白话，乃是一个渐变的发生过程。漫长的两千多年文章，自有辩证的因素在内。试观《汉书》文章，因风习变异、意识形态的改易，今人读之已有难度。但从《汉书》陡然跳到清代的《碑传集》，但见其逻辑关系，接榫过脉，都更清晰丰满，文意的前后联络更为合理。二者在气质上是一脉相传的。后者更以前者为最高鹄的。唯善用古者能变古，此为善性之变。而人为地倡导白话，以为搞到清汤寡液方为白话之正传，则也不免锢蔽顽劣之病；且表现形态为强人从我，那是时代文化专霸之怪物。也有民国初年出道之时用浅近文言，晚年改习白话文者，则往往面目可憎，不忍卒读。此系自然渐变为科学，人为突变为愚昧的缘故。

民初大译家，林纾译文高古，其人以《史记》《汉书》为心法。他所标举的文言文，是直追秦汉的那种散体古文，运用纯熟而滴水不漏，所谓胎息于《史记》《汉书》。叙事文学的长篇小说译来殆无倦色，文章通体健旺，且其人博稽深思，据文意更有创造发挥，不特忠实于原文，且有改进之处。以此一点，于某几位外国作家，钱锺书先生说是宁愿读林氏译文，不欲读其原著。林译文学，严复则多译学术著作，其简古之文，对原创宗旨之把握甚是得体。可谓遗其粗而得其精，其译文风格，颇利于学术精神之穿透性领悟。他译《天演论》《群学肄言》《群己权界论》《法意》，涉及社会、逻辑、法学、政治诸门类，为当时认知西方之一完整体系，其译文风格可谓之打通，盖无道则隔，有道则通。

译事三难：信、达、雅，即由严复译《天演论》时，在《译例言》中破题道出。翻译的大略，他以为“译文取明深义，故词句之间，时有所颠倒附益，不斤斤于字比句次，而意义则不信本文”。他译这本书的《导言》词汇深蔚，藻采纷披，以文字精神复活大自然，使之成为深具人文色彩之第二自然，端的是精美不可方物。

“悬想二千年前，计唯有天造草昧。人工未施，不过几处荒坟，散见坡陀起伏间。而灌木丛林，蒙茸山麓，未加删治如今日者，则无疑也。怒生之草，交加之藤，势如争长相雄……四时之内，飘风怒吹，或西发西洋，东起北海，旁午交扇，无日无息。上有鸟兽之践啄，下有蚁喙之啮伤……是离离者亦各尽天能，以自存种族而已。”

起赫胥黎于地下，亦必拊掌称佳。那原作的衣香鬓影，在他笔下硬是传达得天衣无缝。真的可以使疲神顿爽，居无寥落，大慰所怀。

三

民初浅近文言译风盛行海内。《大公报》社论均为浅近文言写就，其潜移默化之浸透力一时无两。民初，上千种报纸刊物均以此种文风为载体，为飞翔之翼。其大放异彩，固自有其真价值在焉，非偶然也。而当时之译风，也因浅近文言造成奇观。

苏曼殊译雪莱诗，译拜伦诗，译小说，其文字，亦深合他那以情求道的心性。文字奇诡兼流丽，含峻洁、古峭、幽奇诸境界。如他自英文转译的印度笔记小说《娑罗海滨遁迹记》，“时在雨季，不慧失道荒谷，天忽阴晦，小雨溟溟。婆支迦华（云雨时生花）盛开，香渍心府。行渐前，三山犬牙，夹道皆美，池流清净，林木蔚然。不慧拾椰壳掬池水止渴，既而凉生肩上。坐石背少许，歌声自洞出，如鼓箜篌。”曼殊的性格是时而自由放旷，时而有任诞激越，时而又嗒然自伤。故其文字风格神秘、美魔，而又天真热忱，读之不觉上瘾难戒。他的文字得六朝文的哀艳凄美。他运用起来，能于悲欢离合之中，极尽波谲云诡之致。他的文辞是松风水月之清绝；但他的译文，神旨毕肖，却因他的遣词风格，深深打上他性格的烙印，有一种风趣，更有一种伤怀。这里面还有一个原因，就是他所选译的，往往和他所见略同，所以他翻译起来，有一种共同发抒的快感。

周瘦鹃先生1916年译作《欧美名家短篇小说》，凡录四十七家，几乎全用浅近文言述之。全书四十余万字，译写笔酣墨饱不稍衰。其文爽脆利落而一往情深。鲁迅赞他这部译作为“昏夜之微光，鸡群之鹤鸣”。周先生的文字，观察深刻，意境隽永，下词准确，他人所苦思力索而不易得当的，他就很自然地写了出来。这是何等的天才与学力。因此我们不妨说，情节是欧美名家的手笔，文字却是周瘦鹃的手笔。他译贾思甘尔夫人的《情场侠骨》：“一日午后，日光映射于墓场草地之上，予与予友同坐一水松荫之下，水松受日，写修影于地，色渐晕渐深，夏虫匝地而噪，似唱催眠之歌。居倾之，予即向予友杰勒曼曰：君意中果以何等人为英雄？予发问后，又寂然者久之，游目观云影，方浮动远山上，为状如美人云髻。予痴望不瞬，几忘所问之为何语。寻闻杰勒曼答曰：吾意中之所谓英雄者，当尽其天职，不恤牺牲一身……”

周先生的文字是那样的婉曲、爽利，神情活现，曲尽浅近文言的含蓄、包容和附着力强的特性。20世纪50年代以后，周瘦鹃为康生嫉恨迫害，投井而亡。他后来的文字，纯用无神采的白话，呆板直腔，叙情道义大打折扣。个人境遇影响文采发扬，不免叫人深恶专制之酷烈。

四

民初以来，马君武、鲁迅、孙中山、蔡元培、周瘦鹃、范烟桥、叶楚伧、严复、章太炎、梁启超、王国维、吴稚晖……都曾以浅近文言译书。浅近文言为古文变来，而其得历代名文所赐，殊非浅鲜。秦文雄奇，汉文醇厚；辛亥以还，浅近文言又融入了这一代知识分子的深情博丽。他们同时也受外国文艺的影响，气质益深。林纾相信中西文章妙处的结合，只会使中文更放异彩，“以彼新理，助我行文”，“合中西二文熔为一片”。其大貌，要而言之，即是亦旧亦新，其人兼新派博士和老式学究之长，于文字调遣，有撒豆成兵的大将风度。观其文，或挥鞭断流，大气磅礴；或饮马长城，叱咤风云；或秋水长天，空灵明丽；或缠绵悱恻，哀感顽艳。无论治国宏策，或抒怀小品，文采艳光四射，其译文风格也全然融入了这样的才气和性情，那纯然是以自由的心境而作自由的驰驱。在他们那里，才说得上是美是自由的象征。

今之译文，文界几十年来备受反智的专制之害，传统的馨香皆指为封建，西方的智慧都斥作腐朽，于是文化的精义、文采的飞扬两失之。

今之译者，尤其是国学修养几乎等于零，令其是识量卑狭，先天不足而兼以商业文体的浸袭，造成今之译文怪模怪样，遣词造句，大多扞格不入，或谓直译其文，结果大似十三女儿使千钧铁杖，步履能不蹒跚？又仿佛江湖经咒一般，几令读者莫名其妙。《吉迪恩烈火》中有这样的句子：“你认为这可能是对某一个用如此骇人的住房条件赚钱的房主的攻击吗？”“我没法想象为什么比没有孩子更使我不喜欢的事了。”字句和意思纠结不清，为诘屈之尤；读者以为须边读边吸氧气，否则必憋气窒息……没有翻译的资格而强为之，必然力不从心。译界大量的庸手充斥其间，文字的笨拙有如木偶，求基本的用字适当、定义坚确，也不可得。强看数页，头疼不已。译文艺则不知所云，导致原作精神水土流失；译学术则悖淆其义，哲理法意搅成一锅馊粥，穷拼乱凑，去真益远。隔膜深深深几许，洵不知人间有美化二字。早期俄文翻译实为滥觞，至今已是大面积用方块字铺设的不通的外文，不着边际地当起精神上的假洋鬼子。总之，今天的新译文，词汇贫弱，面目实可憎；手腕尘下，失却美与力；见识短浅，文焉不得病。可悲的是，外文原著作者结结实实地随之蒙冤，却毫无申辩的可能。

反观民初之浅近文言译本，以有比较之故，顿受震撼，惊为创获。其仪型美感，尤为吾侪精神生存不灭、巍然永峙之灵光。

一个时代的文章文体，乃国民精神智慧所寄，文化气质借此流露表现，绝非小节。严复说：“吾未见文明富强之国，其国语之不尊也。”醒豁有如冷水浇背，诵之可堪三复斯言。

大雅云亡

近期，某青年作家赴意大利领取一个该国文学国际奖，顺带捎了四个翻译。回答记者问，此公即谓，他深受西方大量作家影响，但国内对他有影响的作家一个也想不出。(《羊城晚报》，1998 年 8 月 4 日）

忽然记起《文汇读书周报》(1998 年 1 月 3 日）所载之中国当代作家最喜爱的小说，列今之小说名手凡十七位，所推崇者，均为外国小说。此二事，各家投注之目光均在一起，稍加思索，即不得不为中国文学垂涕而悼。

当代中国文学不振已极，可称经典者固空无一物，即堪列入妙品之林者，也屈指可数。致命原因就在当代作家入门、创造过程中选择这一端的根本错误。在他们的作品或发言中看不到丝毫古典文学的影响，也未发现他们对国学的蕞尔兴趣；另一面，不难见到其随世风而变化的——由排外到媚外的文化生成之移动。前述赴意领奖的青年作家，和当今绝大多数作家一样，不通外文，一面通过翻译交流，一面侈谈所受外国文学的影响，荒乎其唐，昏聩浅薄，简直滑天下之大稽。其所说外国文学影响，实为通过译本转达；而译本的质量，同新文学作家一样，从第一代到后来的三四五代，其下降之速，是超过了暴雨季节的大型山体滑坡的。今之作家所推崇的译本，又往往是新出炉的所谓新译本，译者的水平，事实证明他们的外文是半缸水，中文是夹生饭，常识错误多得像鸟岛上的羽毛。这种译本，不是豆腐，而是豆腐渣；不是米汤，而是潲水，原著思想给割裂得不成样子，作家即以此为文化创作之母乳，有时且大言啖啖，谓艰苦啃读此类大受歪曲肢解的作品，识者谓为白痴，真难乎其为白痴矣！这已不是食人余唾，而是食人唾余之唾。试取坊间新出之“作品”读之，文字句法则干燥庸常，淡白无味；笔墨安排则毫无定见，如一把乱丝。更加以不读原文只读译本，无法感应出西方思维模式，所以某公所受之“西方影响”，无疑就要大打折扣了。

民初及新文学第一代作家，对外来新学及本国之古老文化，多采直接萃取法获得营养，其情状可称健康全面。梁启超、鲁迅给当时青年开列的国学书目，若《十三经》《二十五史》《全上古三代秦汉三国六朝文》《文选》……经史子集名著数种，读之齿颊留芳，真感人也。古人著作，皆雄积其毕生经验智慧，尽全身脑力精神以贯注之，风虎云龙，变化莫测，真所谓掷地金声者，成为文章，令人愈读愈喜。其文采、思想形成的雄厚美感冲击力，叫人栩栩然醉倒，几难以自持，是最可珍惜的灿烂精神宝藏。而一个有独立生存能力的民族，应当尽可能地保存它固有的文化，但以协同民主思想进步为条件而已。观诸今日，与作家谈旧文学，不知有汉，似乎也毫无兴趣，隔膜之大，如巨洋横亘。前述某公谓国内作家影响一个也想不出，宜乎其想不出矣。

回想古典文学之壮美，创作方法之丰饶多样，道个大雅云亡，确为事实。今之作家创作品，观其措辞、句法，既非经提炼的方言土语，更非传统精妙之书面国语，亦非素朴之民间语，其所行文，乃一种不伦不类的翻译杜撰之白话也；作家、新译本之间辗转近亲相酱制，自觉博得艺事真传，同时又不求进取，孜孜为利，头脑中何尝有思想、美学在，不过欲借以博衣食住用而已。彼自觉摩登者，实冬烘也；彼自觉先锋者，实蜕化也。以如是之人，捉笔为文，演成怪现象，其无足观，亦奚足怪！唯中国文字本有灵之物，遭践踏蔑视若此，真“有鬼夜哭不休也”。

大哉《盐铁论》

一

《盐铁论》，实乃千古奇书，以规模及类别而言，古往今来著述之林，也极难找出同类项。

对垒双方，当朝的知识分子——桑弘羊之属，和清流知识分子——文学、贤良之属。其重大区别在于：前者主张集权，后者主张分权。

文学并非后世的文学家之侪，文学乃儒者，所谓“善礼乐典章”，即文化、学术、政经之精英。文学、贤良“祖述仲尼”，在当时，尊董仲舒为祭酒，抨击商鞅的“崇利而简义，高力而尚功”。他们反对“与小民争利”。(《汉书 · 董仲舒传》)

王利器整理《盐铁论》，写有近二万字的长文，竭力为桑弘羊辩护，多有昧于大义之处。他鞭笞文学、贤良，指其为鹦鹉学舌、复古、阴谋诡计、血口咬人，等等，说董仲舒“发泄对新社会格格不如的阴暗心理”。帽子老大，吓人兮兮，新社会能新到哪里去?

王利器先生更以为，董仲舒等人对经济制度大改革不甘心，遂“诬蔑为变古有灾”，此说未当。

古与今只是一个相对的时间概念。古与今并不绝对能以落后、愚昧和先进文明来作分野。另外,迁流的时间必与常驻的空间(地域)相连，始有比较的意义。2000年的某些地区较1900年的某些地区更要野蛮、伪善、专制得多。

清流知识分子说："昔文帝之时，无盐铁之利而民富，今有之而百姓困乏,未见利之所利也。而见其害也。"(《非鞅篇》)又说:"建盐、铁策博利，富者买爵败官，免刑除罪，公用弥多而为者徇私，上下兼求，百姓不堪，僭急之臣进……偷合取容者众。"(《刺复篇》)

桑弘羊也有他的道理："文帝之时；纵民得铸钱、冶铁、煮盐，吴王擅障海泽，邓通得专西山，山东奸滑咸聚吴园……吴、邓钱布天下，故铸钱之禁。禁御之法立而奸伪息……"(《错币篇》)

对同一种现象，双方各以不同观念契入，先入为主，自说自话。若《力耕篇》论及丰年凶年对付之法,俱引《诗经》同一句"百室盈止，妇子宁止"，来得出相反结论。

大夫说："圣人因天时，智者因地财，上士取诸人，中士劳其形……富国何必用本农，足民何必井田也？"

文学说："民朴而资本，安愉而寡求，当此之时，道路罕行，市朝生草，故耕不强者无以充虚，织不强者无以掩形……自古及今，不施而得报，不劳而有功者，未之有也。"(《力耕篇》)

大夫言论似有不执著于小农的"进步"倾向,但焉知不类今之"金融泡沫"？文学言论看似保守退缩，而人之能得保命、繁衍，一切尚须索诸田园土地，斯为根本。

二

《盐铁论》双方辩论达十万言，论及社会、政治、经济、文化……为文化史罕见文本。辩论中，各个强调本派认定之观念，不依不饶，略无倦色；但均有流于极端片面之处。辩至激烈时，俱舍本逐末，且无限放大这个“末”，公修公德，婆修婆德，看起来很有道理，实则不然。如大夫说:“富在术数，不在劳身;利在势居，不在力耕也。”(《通有篇》)明显漠视农业，强调术、势，必流于巧取豪夺。就当时而言，一切生活物品俱取诸土地，舍此无异舍本。有时候，说话间，或莫测高深，或离题万里，或跌入对方观点，替别人说话的情形也是有的。

涉及当时“意识形态”根本关节，如《孝养篇》谈孝道问题，则双方发言不敢有根本分歧，只是就如何尽孝即物质手段的高下，投入量的厚薄上有所争议——文学、贤良以为诚敬在孝道中为首；衣食供养有多少是多少，为次要；大夫、御史则以为当言华车轻裘，那才叫有面子！否则，爹妈肚皮里尽是青菜，那叫什么日子哟！（“老亲之腹非唐园，唯菜是盛，虽欲以礼，非其贵也”）但于孝道本身，双方之尊崇则一。有似今之某些独裁小国，行专制虐民之实，而其对外仍盛称民权人道，盖以斯为世界进步之普遍价值观。这一步辩论是典型的“曼辞以自饰”(《报任安书》)，但结局也隐然在目，假如盐、铁专卖，豪门垄断，则尽孝道可亟改为斗富炫贵，而小民噍类无论如何匍匐也跟尽孝无关了，长此以往，经济基础与上层建筑必成一恶性互动之趋势。

因文本的复杂性，致后人看法因循之而根本对立。双方各以子之矛攻子之盾，每有大钻牛角尖之处，不堪细究，又必须细究。后人将双方的争论附会为儒法之争，几十年来的史学界，多打压文学、贤良这一派。当然文学、贤良之说也有跟人性相违之点，贻人口实。

双方各有道理，各有依循，各有逻辑，辩驳中，多以比喻设辞，比喻起头，中间又埋伏不断之譬喻，寻求突破张扬，致整部辩驳，幻出奇彩，绚烂夺目，精光射人。

孙中山先生一方面以为“桑弘羊起而行均输、平准之法，尽笼天下之货，卖贵买贱，以均民用，而利国家，若弘羊者，可谓知钱之为用者也。”

以孙先生这样的炯眼达识，伟岸胸襟，于此事也竟看走了眼，倒也不奇怪。清末民初的政象崩离之势，迫使其思维往集权一方靠拢;但孙中山毕竟是孙中山。他一方面却又是很矛盾的,同一段话中，他还说:“夫国之贫富,不在钱之多少,而在货之多少。”(《建国方略》)客观上，又与文学、贤良之意见同一机抒。总之，他意在借题发挥，所评与本事故实已无大涉。

本来，桑弘羊的改革，是针对汉武帝征伐四夷，导致国用空虚而发。他们派遣经济官吏到各地方，直属中央，“尽管天下盐、铁”，贵卖贱买，差不多提前两千年培养几多“孔祥熙”，所耗征战军费，尽取于此。战争毁灭性的奢侈耗费终必导致赤骨露体的恶果。后果尽由底层小民分担。这样的改革，无论出发点为何，皆必走样，集权困扰，竞争不公平，民用日穷，终必引致社会震荡，人心不安；所以，文学、贤良之议，“问以民所疾苦，教化之要”，说一千道一万，总还归纳到关心民瘼的轨道之上。

先做一儒法斗争的死框，硬套在两千年前智识者头上，已是居心叵测。谓其时儒者酸腐、落后、保守、顽固，更是厚诬古人。

三

以《盐铁论》关涉方面众多的缘故，半年来屡读屡叹，颇感困惑。寻绎后人于此事所发议论，有不得要领者，有令人啼笑皆非者，及读马乘风先生议论，乃大为服膺，其说有根有据，最为明智通达，直击要害。

民国经济学家马乘风先生1937年由商务印书馆推出其巨著《中国经济史》，下册第一编论及《盐铁论》内外，可知桑弘羊已开买官卖官之先路。贵戚佞臣即有钱人，更以钱赎罪，骄横不法之暴行遂得一法律上的保障，“政府只知道要钱，所以有钱的人，便为政府所高看，但有钱的人并非傻子，彼等所以用金钱买官爵，无非借此可以搜刮到更多的财富，买得官爵之后，必然要大肆榨取。”“武帝时财政困难，故举‘盐铁专卖’，仅就此四字来说，无从评定其良恶，有此卖一举。私家制售被社禁，似可由此齐众庶了，但是，事实全然不是这么一回事……反而弊端丛生，政府只顾到收入的增加，蔑视了使用者的利益，官家全权在握，自由操纵价格，且以一般人们须臾离不开盐和铁，对于任何高价只有忍受。”这就是说，给“公人见钱,如蝎子见血”开了一条通衢,小民百姓,还有什么活路吗？“猪肉不配姜,食之发大疯”（《本草纲目》,卷五十）,豪族与官府是猪肉,谁来作制衡约束他们的“姜”呢？无人,无法。专卖久行,必发“大疯”，可知矣。

马先生更一一列举专卖之弊，如质量滥恶，农民不堪；官商不顾农民实际，细小农具不屑一制，种种恶果接踵而来……显然，桑弘羊等的政策，与民众的勤劳美德恰成天敌，为什么呢？打杀了积极性嘛。自由经济的分子，也由此而堵死，社会不通，噎塞之病遂生。同时道德纲常之失却公信力，也正由此辈的上下其手。

对于桑弘羊，马乘风先生说他是“事析秋毫地用尽一切心计，去剥蚀大众，把剥蚀的成果，一半供给统治阶级，一半装进自己的私囊中”。而王利器先生以为弘羊是“杰出的政治家，在针锋相对（对文学贤臣）地批评文帝之政的同时，还对症下药，提出政权统一的根本问题”云云，对照观之，高下明暗岂非一目了然？

四

盐铁问题引起的大辩论牵涉极大。西汉昭帝刘弗陵照准。会议主持人是丞相车千秋；最初发起人，又是杜延年。他鉴于国政流弊，向主政的大司马大将军霍光献策，征召全国各地六十多位知识分子（文学、贤良），发动此次会议。辩论双方，贤良、文学诸人姓名多失；另一方即御史大夫桑弘羊及丞相、御史多人；担任总记录的，却又是著作家桓宽。记录这样的会议要求很高，所以后世讲文学的，把一半的文采算在他头上。字里行间，暗伏他的好恶孤愤，即文字含有倾向性。

久寻《顾亭林诗集》不得，庚辰年夏，忽接古典文学专家林东海先生赐《亭林诗笺释》一部。也巧，辗转摩挲中，信手一翻，即见《岁暮西还，时李生云沾方读盐铁论》，以他经世致用、讲求实学的心境,他以为“在汉方盛时,言利弘羊始。桓生书一编,恢卓有深旨。发愤利公卿，嗜利无廉耻。片言折斗宵，笃论垂青史……”

顾炎武（亭林）以他恢廓的胸襟，透视现实的眼光，民间自由经营之重要性在其心中地位极高。盐铁专控，嗜利者令其变形，亭林深恶之，遂同桓宽心曲，共指弘羊为斗筲之徒。或有指桑弘羊善理财政者，实则聚敛私豪族，理财重民用，二者渊然有别。时清廷借三藩之乱大肆按括民间膏脂财用，古今同慨，是故先生下笔痛诋之。

《隋炀帝艳史》第十四回卷首诗，就经济民生发议，可谓之“经济诗”，其诗略云：

天地生财只此数，不在民间即官库。
民间官库一齐穷，定是好兴土木故；
好兴土木亦何为？只是夺强与逞富。
前工未了后功催，东绩才成西又务。
…… ……

作者齐东野人亦一下层知识分子，他应该早生两千年，也参与辩论,又多一文学、贤良。所以读《盐铁论》,在那两千年前既无“三权分立”又无“市场经济”的时分，知识分子的良知，到底照顾到喁喁民意,实不啻沙漠驼队、雪地暖裘呢！后人所谓贤良、文学“摇唇鼓舌，大放厥词”（王利器：《盐铁论校注》)，真是叔宝心肝，果将安在！

人孰无心？藏富于民，同样可缓国家外交、军备之急，亦可济社会之恐慌。一举而数善备，何乐而不为？桑弘羊等不知此，必以恶干硬来，代替基本规律，一任射利者借名图骗，执事者借事自肥，幸而获利，则官府更夺为抵押之物；夫信用为治世之要素，至此则信用大失，荆棘载途，苦难四合。若非文学、贤良力矫其弊，国事不为“专卖”所断送者几稀。

中学国文试题及其他

台湾省中学国文试题，内地博士望之傻眼，莫之究诘。议者颇多，成了网络热帖。原来某君因编《国学基本教材》，随机挑了十道台湾省中学国文考题，请大陆中文系博士生试做，结果正确答案都未过半。

索而观之，这些国文试题不过一些巧妙实用文言，或从文言作品精粹中抽绎而出，涉及实用古文（非古文运动之古文）以及交际文言、浅近文言，甚至旧时企业庆典之通用联语。出为选择题，稍有文言基础者，到眼即辨，不假思索。

其实这些试题确很高明，活泼而具有深度，但又很讲究，全然不须死记硬背。有感觉，或有较深印象者就可以从容答出正确内容。

譬如第八题是：（甲）万古丹心盟日月，千年义气表春秋。（乙）未劈曹颅千古恨，曾医关臂一军惊。（丙）天意欲兴刘，到此英雄难用武；人心犹慕项，至今父老尚称王。（丁）由仁居义，传尧舜、禹汤、文武、周孔之道；知言养气，充恻隐、羞恶、恭敬、是非之心。

问：上引对联各咏一历史人物，若依序排列，正确的选项是：(A) 关羽／扁鹊／项羽／孔子，(B) 关羽／华佗／项羽／孟子，(C) 文天祥／华佗／刘邦／孔子，(D) 文天祥／扁鹊／刘邦／孟子。

而大陆之中青年博士笔杆咬破，不能作答，勉强答之，谬误百出，贻笑大方，竟成一普遍现象。

文化的危机远非博士不能答题一端，更为内在的悲哀乃是教育的使命严重走偏，固有文化土壤层层剥落，学生对于固有文化并无记忆。其所带来的后果，是在全球文化交流多元的情况下，没有对话的本钱和能力，对于文化的再生再造，不具有任何其他的选项。学生本人不能答题的背后，也没有自主的个人，没有理性与道德的公民影子。

对文史哲经典的轻忽与轻视，文化的层面被平庸、冷漠与失落占据。学生面对数千年来先圣大贤孜孜累积的文化成果毫无叩问触摸的能力，结果产生如同生物学意义上的返祖现象，行为多出自生物食色本能的反射。

现在课程设置片面偏向实用，致使文化素养的培育成为单薄的附庸。中文系大量的应用或商业写作，既不能做抽象之文史哲之思辨转圜，更不能体悟思想巅峰激荡之美学欣快。就是一般企业企划、单位总结、广告文案，也写得拖泥带水，恶性欧化；市面上多不可数的商业广告文体，疙疙瘩瘩，生造更来，令人头涨不已。美术系则有多量的平面设计、时装设计等。更多的师范院校竞赛似的开设影视编导课程，好像国民都是电影迷，将有无尽的市场。草台班子，仓促上马，不意竟于高校见之。教出来的学生，非特不能拍片，就是跑龙套也只勉强。大中学教学，大量的时间，竟然拿来制造次品。

片面注重实用，结果是无根之木，难以根植培育，既不实、也无用。急功近利，实为不智。

梁启超、鲁迅、施蛰存、胡适……当年都给青年人开过书单，大多是中国文史哲之最基本著作。如梁氏所开书单，子部无非老庄荀韩，史部前四史加《资治通鉴》，鲁迅偏向子书，但都很常见而不生僻，并非钻牛角尖。这些书单乃以大学低年级、中学生为对象。而今人往往中壮年以后才去匆匆补课，或者根本陌同路人，接受融汇的成分当然不免大打折扣。

中国文史之最基本，包含价值判断、古人生活经验之总结，以及伦理道德、人生哲学之观念。看似不能直接为今之学生择业所用，实则它的作用乃如文火煨药，作用价值乃是潜在地长期地显现出来。当年大诗人陈衍和青年钱锺书谈艺，说若是修习文学，中国文学已经很好，又何必到外国去呢？这是老年人说的稚拙话。当年的钱锺书们留学西洋，所学远非文学一端，更多为老大中国社会转型之需要。但老人的话，细想却有至理在。尤其对于今之现实，具有查缺补漏、固本扶元的效用。

经典中，饱含建立于人性的人文观念，需今人以现代的眼光，摭拾贯穿。再说，六经皆史，其中更充溢人类智性、感性、理性历史的经验，同时也蕴藏普世价值可能性的因子。作为一种普及，百家讲坛之类随心所欲、不着边际地发挥也自有其市场、意义。但市场难持久，意义也不大。根本基础的巩固培育还需从典籍原著着手。一旦进入，非特不难，反而有无尽之乐趣。

现有名人倡议将京剧纳入小学教学内容者。实则尚不如先将基本经典置入教材，使之成为不可或缺的一环，学生学得大概奠基人文素养，较修习京剧为优。后者行有余力，根据个人兴趣选择不迟。

艺文翻译：趣味及选择

一

叶圣陶赞扬吕叔湘译笔的纯美，“一方面保持原作者的美质，一方面融化为我国的语言”。原著的意趣、质地，那是原作者的功劳，而本国文字即母语的感知，则是翻译者的贡献。

苏东坡说，论画以形似，见与儿童邻；作诗必此诗，定知非诗人——文学翻译，也应参透此间的深意。

自林纾以来，伍光建、戈宝权、韩侍桁、傅雷、曹靖华、朱生豪、汝龙、王平陵……他们的译文是可以放心出门，又能坦然回家的高手，有的更臻于化境；就算有阅读外文的能力，而读他们的译文，都是一种上佳的享受。

二

民国初年，出现很多有趣的译名，在严复的学生周越然的笔下，夜莺 nightgale 译为耐听哥儿，休闲约会处 assignation 译为安息耐性，淫乱 dissipate 译为的系败德，Lavrille 译为懒无力。发音的音节套印语义，当时好多人有此习惯和兴趣。周越然说他的老师严复的译文“读起来好像是创作，总觉得容易懂些”，实在很有他的道理。

英文“天使”一词 Angel，早期译作安吉儿，后又作安琪儿，很有亲切的画面感。

Inspivation 今译灵感，原意是指风吹动帆船之帆，促船前行，有一种默示的意思在里头，出乎自然，得来全不费力。灵感当然是最佳的翻译，还有译作“神泉”的，民国初年译作“烟士披里纯”，很有小众化、象牙塔的意思，好像一幅烟雾围绕的绅士在寻求神示的画面。

烟草在明代传入中国时，被当成治病的药草看待。原文是西班牙语 tobaco，在中国早期译作淡巴菰，或淡巴姑。清代王士《香祖笔记》谓“吕宋国所产烟草，本名淡巴菰，又名金丝薰”。

三

外国人将中文译为外文，颇多笑话，最著者，乃是将歇后语“和尚打伞，无法无天”译为：一个打着破伞云游四方的孤僧。本来原文是形容某种叛逆性格，是一句古传的熟语，结果译文仿佛很有诗意、很有哲学意趣，其实全不沾边，真可谓离题万里。译笔支绌如此巨大，殊堪惊诧。

四

Men in the olden times used to say，早年看到这个短语，颇感兴趣，

写以示人，那些号称英文过多少级的人，翻译出来真是五花八门，有谓旧时代的人们说的，有谓先前的男人总是说，甚至有译为老男人曾经这么说的……不一而足。丁亥年盛夏，在四川眉山开会，得遇德国波鸿鲁尔大学中文系主任汉学家冯铁先生，会间闲聊，将此句写以示之，他思索俄顷，脱口而出："古人云。"这确是一字不易的妙译。他的英文基础雄厚，而中文修养亦甚到位，两者合成他的优势，中西打通，绝无捉襟见肘的窘态。

五

意大利名城佛罗伦萨，当年在徐志摩笔下译为翡冷翠，试快读一过，音节都是相仿佛的，但徐译却有一种诗人特别的会心和感悟在里头。诗意兼具画意，也是音义相协的佳译。

英国大诗人艾略特，在钱锺书先生《围城》里头译作"爱利恶德"，快读一过，音节极相似;但小说中是为了匹配人物性格的需要，半开玩笑的翻译，音义重合巧不可阶，收到特殊效果。

六

苏曼殊以为，英吉利与华语音义并同者甚众，他举出不少例子。

其中也很见曼殊先生的妙趣和巧思，但如果说先天的不谋而合，则不免牵强。事实上是他竭力以音义相同的字汇去贴近原词：fee—费，sue—诉，tow—拖，reason—理性，season—时辰，book—簿，mead—蜜，nod—诺，pay—赔，pee—皮（《苏曼殊文集》）……其中既有名物，也有意识形态的概念词汇，亏他慧心寻觅，一一对号入座，居然也颇说得过去。

七

日本人名字，因受中国古典文化熏染灌溉，像是咏物诗中的截句，画意深处，仿佛一首浓缩的短诗，譬如松尾芭蕉、川端康成、井上红梅、森鸥外、小林一茶、井原西鹤……至于其军国打手如松井石根、梅津美治郎、重光葵……之辈，名字诗意盎然，让人想起松间沙路净无泥、古渡春深、重彩的油画等等美妙的画面境界；但他们辜负了这样至美的汉字，走到相反的嗜杀的极端。

八

明清时期中国和外国交通往还渐频，但直到清末民初，才将外国国名美化，所采用的都是气象高华的字眼，譬如，英吉利、美利坚、瑞士、瑞典、意大利、法兰西、德意志、芬兰、挪威……语词选择寓意深远、用意至诚。而在晚清时节，瑞典作绥林，挪威作那威，丹麦作领墨，芬兰作分兰，瑞士作绥沙兰，德国作普鲁社、热尔玛尼亚、日耳曼，意大利作意大里亚、又作伊大里，奥地利译作奥地里加，都是不统一的音译。

在林则徐时代英国已译作英吉利，或英伦，智利已作智利，美国作育奈士迭国，或作弥利坚国，又作美里哥。

这些是在头脑明敏的知识分子笔下。而在清朝廷，夷狄观念深重，头脑深度封闭，眼界严重模糊，晚清专制者对列强的态度是从疑忌自大转向依赖畏恐，对外国国名翻译也随之而变。早期，列强的国名或加反犬旁，或加口字旁，如咪夷，暎夷。

九

国际汉学大家史景迁，他的中国研究系列，如《天国之子和他的世俗王朝》《追寻现代中国》……写法上别具一格，寓判断于叙事之中，以讲故事的笔触从容推进他的观察和心得，仿佛将史事重现于纸上。此种特别的叙事方式将其与他人区分开来。关于历史和文化的解释，关于文化背后的历史必然，都循循善诱地附着其中，成就斐然。国内一家出版社将其研究系列十数部陆续翻译推出，本来这是好事。然而可叹的是这些译本大多牵强支离，文气断裂；拼凑之痕，每不可掩。中文在这些译者搬弄之下，就是不听使唤。本来很有价值、叙述尤见创辟的历史著作，因为译本的关系，使其失色不少。这和《通往奴役之路》《重申自由》那一套西方现代思想译丛一样,都是将上等好米,煮成了夹生干饭。一系列难以下咽的“成品”,留下无法弥补的遗憾。

史景迁的《王氏之死》系研究清代前期社会底层卑微小人物命运，引用不少县志之类资料。这些资料在往回翻译时，因县志大多无标点，需译者代劳，结果就出现不伦不类的断句。“大兵破城，屠之官长。俱杀绅士、吏民，十去七八。城之内外，共杀数万余人。”实则就算断句能力柔弱，也可根据逻辑关系判断，显然应是：“大兵破城屠之，官长俱杀。绅士、吏民，十去七八……”

这部译文，因译者中文生硬支离，而没有丝毫行家里手的圆融，尤其 by、must 等词汇的照章翻译，逐字逐词的死译，使得句子毫无弹性，疲弱不振，读之头涨不已，造成一种破坏性的被动语势，和传统中文的优势背道而驰。其在审美一端，更是大打折扣，既难臻雅致高华，也远离明白通畅。

大手笔

说起来，已经二十余年了，刚进大学那时候，喜看各大学学报，“四人帮”刚刚倒台未两年，学术更是百废待苏。以为高深学问，尽在学报之中。举个例子吧，譬如论陶渊明的论文，仅刊于学报上的，至毕业时，已读了二三十篇。二十年过去了。偶尔翻看旧时笔记，才发觉著文的老老少少大学教师，跟陶渊明非但不够知己，其隶事之失真，文笔之失神，见解之走样，简直就是陌同路人强命笔。然而，上万字的论文，他们“写”了那么多！

近时拜读张恨水先生写于1939年的短论《我哀陶渊明》深韪其别成逻辑，惊为奇作！感到他是在和陶渊明把臂倾谈的样子，端的是异代知己；遂觉得数十篇学报论文，几种文学史的陶潜专章，俱不中的！俱不若恨水先生笔墨那般有一种异样的手眼。

张先生说：

……自古者道个陶诗甜，杜诗苦。其实，陶诗何尝甜，甜正其不得已也……以陶渊明不为五斗米折腰的汉子，说他终日醺醺的，只做一个糊涂乡村老头子了事，哪有此理。

……东晋以后，北方是夷狄乱华，南方是篡杀相乘。他想到乃高祖陶侃那份运甓自劳的精神，做过江东的柱石，他却毫无办法的，滚入了南朝那开始的魔境。干呢，干不起来！哭呢，不像话！笑呢，也绝无此理。于是只有一味地淡泊明志，放怀自遣。理想出那么一个乌托邦来……那一份苦闷其中而消遥其外的句子，正不知有几千行眼泪啊！归去来兮，先生将何之？我哀陶渊明。

恨水先生为一浓厚人道主义者，其文中满含悲悯之旨，尤其古典哲学、诗学素养为学报作者所望尘莫及。以文境言之，高湛深淑，述论饶有弹力，富于体贴；且以短论复活去今颇远之历史情景，诚不可多得。文艺批评虽亦是一种“科研”，但却不是可以放在试管里面化验得来的。学报文章之属干瘪庸常，所缺乏的，正是心血的体悟，及哲学的理会。“干呢，干不起来！哭呢，不像话！笑呢，也绝无此理。”先生大手笔，我敬张恨水。

“外来语”古已有之　绝非外来

青年作家石映照先生的畅销书《读小说 写小说》第三章谈小说的语言，有所谓“汉语的灾难”一节。其中说：

“有一个很残酷的事实是我们不能回避的，那就是我们现代汉语中有着大量的外来语，主要是日语，据王彬彬、雷颐等人的统计，现代汉语中的日语词汇数量惊人，特别是今天使用的社会和人文科学方面的名词、术语有百分之七十是从日本输入的，比如吧：服务、组织、纪律、政治、革命、政府、党、方针、政策、申请、解决、理论、哲学、原则、经济、科学、商业、干部、健康、社会主义、资本主义、法律、封建、共和、美学、文学、美术、抽象、电话、个人、民族、宗教、技术、哲学、民主、进化、俱乐部、形而上学、文据……”

石先生更引他人的论断，表示赞成：“王彬彬说，离开了日语‘外来语’，我们今天几乎无法说话。”

此说振振有词，实为想当然，可谓见风即雨，洵属不审之至。因为这些词汇老早在中国的典籍中就已创建使用，绝非阁下言之凿凿的什么“外来语”；并且往往古义和今义差别不大，或者说古义仍在，日本人只是从中攫取，普遍用于新写的、翻译的社科著作中，广其义，扩其容，增其度，使之面目转进，或者赋予表达的需要而已。

近代以来，日本译书成风，译量极大，它需要很多词汇来衔接兜承西来的思潮、学说，于是一头栽到中国古籍里面搜寻，果然武库丰赡，有很多足供借鉴的资源，有很多足堪借用的内容；于是出现大量词汇的翻新、增容。而那些书籍热络惹眼，纸贵一时，观者为其学说所眩惑，以为这些词汇都是日本人的发明创造；殊不知其真正来源，还在中国的古籍里头。

中国古人的心思、头脑、智慧，凝结成词汇、文章，日本著作者嗅觉灵敏，纷纷取为己用，导致今天作家惊叹“我们现代汉语中有着大量的外来语，主要是日语”，并以为它们“是从日本输入的”，这就不是一个“很残酷的事实”，而是一个很残酷的笑话了。

您说，离开了日语“外来语”，我们今天几乎无法说话。而日本学者会说，离开了中国古籍，他们无法说话呢；或者换一说法，离开了中国古籍，日本著作几乎无从着笔呢！

王云五先生拈出众多所谓新名词，考出其来源，证明其在中国历朝古籍之中，屡屡见之，并不足奇。人们疏离古书，突于日本书籍上见其回流，颇觉陌生。云五先生说：“在未尝多读古籍者视之，则视若著作家或政治家之杜撰……似此数典而忘祖，殊非尊重国粹之道……在这许多名词中，有一部分为现代事物的代表，由此可以概见我国古代的发明与发现，由此也可以想见古代中外之交通与人类之殊途而同归……”（《王云五论学文选·新名词溯源》）

云五先生分商业、政治、艺术、教育、哲学、社会、历史、科学等十数类，详细罗列了三百余个新名词，明确指出其来源，较著者有：文部盖即吏部之意，见于《旧唐书·百官志》，浪人见于柳宗元《李赤传》，意识见《北齐书》，实体、演绎见《中庸》，阶级见《后汉书·边让传》，代表见徐伯彦文，同志见《后汉书·班超传》，经济见《文中子·礼乐》，政治见《书经·毕命》，总统见《汉书·百官志》，民主见孙楚文，政府见《宋史·欧阳修传》，民法见《书经》，公法见《尹文子》，契约见《魏书》，条约见《唐书·南蛮南诏传》，主义见《史记·太史公自序》，计划见《汉书·陈平世家》，建设见《礼记》，时髦见《后汉书》，幽默见《楚辞》……其他诸如艺术、共和、著作、拥护、纪律、世纪、卫生、处方、师范、牧师、天使、专利……众多新名词，都在并不生僻的古籍里头所在多有。

中国古籍词汇的语源学历史发展脉络，浩荡犹如大江，支流无数；日本译述者的翻新只是在下游支流增添一些水量而已。中国多量、丰盛的词汇，表意广泛深远，自有其语源学词族构成的内在规律。这些词汇诞生、形成以来，即在中国历朝历代文字中反复断续出现，词义有所修葺增进，保有内在生命活力，并非昙花一现，专等日本译述者前来发掘。

近代以还，中国社会屡经板荡，文化遭受毁灭性的破裂，几沦澌灭之境。我们的文化记忆，菲薄得像阳光下的草上晨霜，守成很不像样，求新又欠积极，于是出现惊呼“外来语”这样的滑稽判断。这表明今人在保存和刷新民族语言方面，论力道则弱不禁风，论视野则老眼昏花。我们端的是愧对古人！古人创造的文章词汇，存储凝结着前人的思想意识、生命图景以及经验智慧。它们是长期昏暗年代里，闪烁明灭的点点烛光。它们对后人的文化记忆，起着坚实而微妙的搭救作用。日本人因政改维新，提早绍介西学，充量求助于中国古籍，有其聪明之一面，但不能因其善于挖掘搜觅，借用改用，而冠其发明权创造权。国人忘却源头所在，莫名惊诧，不免令识者与后人惊诧莫名了。

如厕就读及其他

《南方周末》(2005 年 4 月 28 日)《如厕就读》(冯克利)一文有云:“再往后,马齿见长,不好意思翻小人书了,于是把诗歌散文小品之类渐渐请进厕所。他(周作人)有篇写厕所读书的应景文章,记一日本诗人把寺庙的方便处刻画得风雅无比,拿来跟中国寺院周围的污秽斑斑作比较。姑不论这是否有汉奸言论的嫌疑,它至少抹煞了中国禅院文化的精髓:有人问禅师:‘何为禅?’禅师便答‘干屎橛’。不过最令我感动的,当是在钱锺书的《七缀集》里看到,中国也有个无比美丽而我闻所未闻的雅号——‘繁花似锦的故土’(the flowery land),锺书先生直来直去地把它译为‘华国’,虽略显会通中西的功夫,却未免有些扫人的兴。”

以上说法问题多多。关于世界上的厕所的比较,知堂结合风景的幽佳,谈生活低俗处的美,这种风景的作用,乃在于转移矢垢的浓秽;至于中日两国的厕所,何者更为卫生,见者多多。好就是好,不好就是不好。邋遢污垢、忽视卫生的地方,总该敲打批评的,怎地就有汉奸的言论嫌疑呢?八竿子打不着的嘛!显然,作者以为禅院之精髓乃在干屎橛,不畏其脏。这是相当荒谬的。

禅宗里头确有“干屎橛”的比方,乃借象为喻,属于思维的隔山打牛，是一种神游万里的思维方式，绝不是真的要拿一泡屎来说明问题，也不是污秽才近于禅，即禅院精髓与坐实的干屎橛是不相干的。知堂的比较，绝不抹杀中国禅院的精髓。相反，禅院的卫生境况是很讲究的，“清晨入古寺，禅房花木深”，“雾暗水连阶，月明花覆牖”（柳宗元：《法华寺西亭》），日本禅院得益于唐代诗境者所在多有，参阅常建、柳宗元的诗可见一斑，非常注重风景的幽俏，林木的深蔚，清净、清爽、深郁，有助思绪的集中和放松。至于不讲卫生的污秽的禅院，离禅还很远吧！再说了，干屎橛是竹木制作的薄片，用于擦拭粪便。但在未用之前，它是很干净的。禅宗名师借它来参悟，以其为常见家什也，是为解析概念开方便之门；绝非因为脏，才情有独钟的。

至于 the flowery land 这个词组，钱先生将其译为华国，正大见会通的功夫。“桃之夭夭，灼灼其华”，华，既有花的原意，也有光彩、光辉、英华、美观……的意思。华与国连缀，则自然包括繁花似锦的含义，其简练和字面的外延，则相当的深远。倘译为繁花似锦，美则美矣，却仅有单线的自然风景一方面的意义，故土虽有诗意，却又不如国字具有主权的概念。华对应 flowery，妙译也；国对应 land，也比故土踏实真确。妙手拈来，举重若轻。作者以为扫兴，显然缺乏意会国文妙处的能力。勺大漏盆，眼大漏神，妄下雌黄，这是很遗憾的。

国学有国学的种属

2005年9月22日的《南方周末》中《从“国学大师”说到“国学”》列出葛剑雄对国学概念的阐释：“……但‘国学’的基本领域应该是中国传统的学问，这一点是毫无疑问的。”宋先生却加以指斥。

葛先生又认为:季先生“学的是梵文，研究的重点是古代印度”，因此，称季先生为“国学大师”，就让他想起了前几年从北大听来的一则笑话：“现在印度归咱们中国了。”

宋文反驳说，季先生研究涉及的领域，梵文、巴利文、吐火罗文几乎是绝学，所出版的学术著作在文化交流、佛教、语言学等方面均成一家之言。佛教的传入，影响中国儒、道……乃国学也，则称季羡林为“国学大师”，就无须“印度归咱们中国”；汉族文化与他种文化会合显博大。故须以“开放的眼光来看待国学或中国传统的学问”。要不，所谓“国学”，就会因为将众多少数民族的传统文化排斥在外而狭化为“汉”学；还会因为将儒学之外的道教文化、佛家文化，以至于在“正统”的儒家看来是“离经叛道”的那一类学者的学问一概排斥在外而再由“汉”学狭化为儒学,如此纯而又纯，所谓的“国学”，最终或许会萎缩为孔学。

此文问题多多。

其实，葛剑雄先生对国学的定义，是简捷而剀切、概括得宜的，如果不是抬杠，当无更为简明的解释了。

而季老之学，自有其独到之处，非国学可以涵盖，它自成一家自成一派。他种学问的大师也是大师，何必跻身国字店呢！阁下收其入国学系列，反而忽视了它的真价值。

在宋先生的潜意识中，似乎以为国学乃一切学问之集大成者，非加入之而不快。

就季先生而言，说他是佛学大学者，宗教学大家，皆无不可；若谓国学，则混异为同，混多为一，混牝为牡，强抹学术应有之界限，使之没有区别了。

任何一种学术系列，从研究的技术上俱可广采他学的优势，但从根底上而言,其性质却是狭隘的。一锅烩的结果,往往是消灭特色,或者大而无当。

传统的中国学问包含了六经及其以外的重要儒书、周末诸子哲学、小学（历代文字之变迁）、两汉之今古文及其混合后南北学之对峙、历代文学及文体之演变、宋儒解经存在的问题、史学（历代史部之著作，纪传体编年体纪事本末体、众手修史之流弊，史论之流别）、宋诗之成立、元代之戏曲……直至清代之朴学、清末攘夷大义的学术背景——经史子集四部及其衍生的学术。它也是随时代进化而演变的，即今可谓浩如烟海，虽也有次序可循，却也烦琐庞杂异常，仅汉学为宋学所取代、宋学又为朴学所逆动，已呈循环无端之象,怎可谓之纯而又纯呢？至于萎缩为孔学,那倒还闻所未闻。再者,孔学究为何者，也可一说。孔子乃大哲人，后世专制君王强尊为教主，他们有什么爱孔子的呢？借虚名获实利也。孔子本人并非宗教家,《春秋》乃其所作一部政治议论，散布着生存的真义和自由的阐发。今人对此闭塞已久,正应研发因应之,关于仁智勇境界新的发覆,以其为端研究黑暗与光明的消长……故于孔学二字，正不必一见而怕之。

章太炎当其粗具国学大师之规模时，才在宋恕的劝谕之下涉猎佛学，进而覃思精研，即感其渊茂。佛学同样博大精深，它是与国学并列的学术体系，不可能因学术交叉而收编之。且章氏的学术基础也不因佛学而奠定。道（家）学以及无论怎样中国化的佛学，都还是独立的学术体系。再说您要收编，对方可怕还不领情。

三角、几何、代数,都是数学,如谓三角就是代数,几何也是三角,那就乱了，也不成话。

又若诗学即广义之文学，但必谓报道文学、山人小品、十三经注疏都是跟艾略特《荒原》一样的诗，就成了笑话，为什么？种属不同嘛，老虎系猫科，但它不是猫。

极而喻之，也不能要求皮革厂生产台风式战斗机，也不好要求兵器厂生产荞麦馒头，虽然它们都是“企业”，但是，什么藤上结什么瓜，种属不同嘛！

学术的交叉是一回事情，宋文那种行政收编式的点将心理又是一回事情。只怕阁下想收编还没有这样好的胃口。吃玻璃、头钉子，大抵也只在杂技中见过吧。

晚清国学重在扩大其体能与规模，但这种吸收是善性的，渐进的，辩证的，事实上也是谨慎的;晚清重视两西之学，泰西即欧美的，西方的即印度的。但是从不敢将与国学平起平坐的体系收编之，虽然其渗透已经相当深入了。若按宋文观点，则卢梭、赫胥黎、密尔、斯宾塞……皆可编入国学之战斗序列，这太令人发噱了！至于少数民族之学，不是“排斥”与否的问题，要先问人家愿意与否。

两本胡适传

读唐德刚先生史论，叹其文笔如崇山长河之雄隽以外，实在也同时等于读哲学文学之名著奇书，其引人入胜，览之每唯恐纸尽。

唐德刚先生头脑的冷静，连类之丰饶，眼光之敏锐，记忆之可惊，会合为一种老吏断狱之能力，正像孙福熙介绍顾颉刚《古史辨》:“我们当留意顾先生如何的对待、如何的取舍，他是很能用科学的方法的。”至德刚先生则将此“科学方法”推到极致，诚为当代史学的绝品。若非其作品本身，于史学界的平庸、昏昧，作一种有力的矫正。那些“史学工作者”“江流石不转”般不动心的迂阔之作，尚不知将伊于胡底。

胡适之，世界文化名人。海外暂勿论，仅在国内，差不多一个世纪几代人，他都是一个硕大多边多义的文化象征。他的一生“在在都被千万只眼睛注视着”。他生活、著述的言行，薄物细故式的小故事，唐先生说“在报章杂志上不是头条，也是花边”。那还了得吗？

奇怪的是，唐著那本最直接、最省净、最详略得当的《胡适口述自传》出来后，不特唐先生，就是读者也深感胡适的自述内容、思想无甚新鲜，虽然“访旧半为鬼”，并不“惊呼热中肠”。但出乎意料，《胡适口述自传》问世以来，无疑已成为史学探索的旷世奇书。

这是为什么呢？说来也简单，那就是德刚先生为自传的每一章所写的较原著质量大大超重的注释。

唐德刚注胡适、钱锺书注宋诗，论精核，至少与刘孝标注《世说新语》、裴松之注《三国志》平起平坐；在开辟新境，关乎人文根本观念方面，那就还有过之。有趣的是，注刘义庆的刘孝标、注陈寿的裴松之都是南朝人；唐、钱二公问学、立言的时间也大致相同。

所以，20 世纪 70 年代的海外史学界，即盛称“先看德刚，后看胡适”，这等于说，买椟还珠，欲罢不能。传与注成一不可分割的整体，就学术价值和史料价值而言，注释部分的分量，怕还远出传文之右吧。如像与胡适密切相关的的白话诗、白话文、问题与主义、实验主义、罗素、杜威、文学革命、新乾嘉学派……种种影响社会甚深甚巨的文化观念的得失，如谓在胡适那里，还只是一种争论不休、好歹高下轻重悲喜未定的雏形，到了德刚先生手上，即已锤炼至得失分明、价值清楚、来龙去脉条理井然的命题；也可以说，胡适引发的文化震动是“镜中衰鬓已先斑”，德刚的注释却像一味剂量充足的“还魂草”，而令“病树前头万木春”。换言之，胡适好比“结绳记事”惹下的种种大意与错觉，皆由德刚以“进化的文字”来整个地收拾归置。

李敖写《胡适评传》，很有一番自负。他这本书，是把胡适的身世、活动、游学、交际的脉络，以及胡氏基本思想形成的轮廓搞清楚了。唐德刚的《胡适杂忆》《胡适口述自传》则不特搞清楚胡适本人活动及思想，而且把时代的思潮、风气、胡适为中心时代的学术趋向的得失、疑问一锅而烩之予以解决。

在众多的胡适传记中，李敖那一本也算是秀出班行的。李敖出手极快，运用资料，取舍自成一格。他腿脚麻利，腾挪得法，扣纵有序，看去条理清晰，然其优势亦仅止于此而已。李敖自称除了要画胡适的像，还要画那个时代的大舞台，及主配角、众生相；但拿去跟德刚一比，就看出李敖的自吹自擂。德刚笔下的胡适，那才真正是笼盖四野，“风吹草低见牛羊”，仿佛多层火网，立体攻略，子母连环，无使遁形，而境界全出。李敖描绘传主，仿佛撒豆成兵，来势吓人，但力量有限，虽中靶，不致命；唐德刚的笔墨，则似内家大师出拳，招招无虚，包含千钧之力，两者差异若是。

放在一起货比货，两书同以“注”见长，但李敖的注释是在资料面前止步，平铺直叙徒有量的增加，偶有见解，也只是开玩笑自娱；唐先生的注释则大见创劈之功，形式既新，内容尤饶思辨的伟力。总之，李传灵活而浅，唐传灵动而深;李传跳，唐传稳;李传狭，唐传广；李传硬，唐传活；李传白而易，唐传雅且劲；李传适见粗硬零碎，唐传恰显深谋远虑。

再者，李敖的胡适传出语口无遮拦，仿佛两小儿打架，在家长处争功，对事物缺少深入感;他所叙评的胡适，苍白干瘪，直是《录鬼簿》上的剪影,那是章学诚指斥的那种“史守掌故而不知择”和“昧于知时”者流。而在唐公笔下，则充溢悲天悯人的胸怀，语重心长的立意,求实存真的作风,这样传主自然有血有肉。值世局浮沉之际，唐公阐释的文化用心，更具有衔接今昔的现实意义。

唐德刚：《胡适口述自传》：华东师范大学出版社，2002年第二版；
李敖：《胡适评传》：友谊出版公司，2001年第二版。

学问死于足下

主：近有李泽厚臧否现当代诸大学者，兄见到否？

客：此公言论，最近《文学报》(总第1290期，2002年4月)辟专版刊载，多有令人喷饭笑倒者。上帝要毁灭一个人的学问见识，就先叫他愚痴。

主：何以见得呢？

客：李泽厚论陈寅恪，说他头脑中的三纲六纪远胜于他的自由思想，因而他不是一个自由主义者。

主：这个就叫做见风就是雨了。一个人的身上，但凡以自由思想为底线，那就不可能落后到哪里去。这有点像画家以眸子正则表心正一样，可推而知之；即使他提倡旧道德、遵循旧理念。古人从王充、再到王夫之、黄宗羲……直至谭嗣同，其自由的理念不知比今人先进多少倍。古人的知识信息量不如今人，而智慧、头脑的清晰度有远胜今人之处。

客：三纲六纪也并不都是洪水猛兽。看在何种政体之下来运用它了。壬午年春小布什在清华大学演讲，以为中国的旧道德传统文化习俗均可融入全球化的潮流中去。

主：此真明眼人之卓见也。就算是三纲六纪里的概念，也有“中海西海，心理攸同”的性质，在专制极权之下，即为食人之具，在民主化的框架中，即可作善性的增进。这叫做形势比人强嘛。

客：自由信念的深度可以由反证法得之。对专制越是厌恶越是抵制，则其自由的精神越加坚定不可褫夺。所以，陈寅恪独立之精神，自由之思想，乃是根深蒂固；然而，李泽厚却说，陈先生不是自由主义者，而且用了一个颇为可恶的比方：“说陈寅恪是自由主义者，就像把一个男人说成是一个女人一样。”

主：可以还李先生一个比方：说李泽厚是学者，就好像一个衣衫褴褛的裁缝，叫我们无法相信。

客：还有更离谱的，李泽厚自问：钱锺书到底解决了什么问题，有长久的价值？好像杯子（这个东西）古今中外各种文字里怎么讲，那是很多，钱锺书都知道，可是，到电脑出来，就记得更全，他读了那么多的书，却只得了许多零碎的成果，没有擦出灿烂的明珠来。

主：这就叫凤眼识珠，龙眼识宝，牛眼识青草。李先生他生就牛眼，其鉴赏能力等于堕入十八层地狱，佛也救不得。老实说吧，在一般名家、论师那里新潮的学问思想，在钱先生那里不过是平常得不得了的常识。钱先生是一开始就把立足点放在世界最旧最新的高度，跟任何时代的学术大师作平等双向的交流。按照寻常的系统框架根本就无法给他找到一个适合的位置。他前无古人的对文明史文化史以及人性及其种种细枝末节的豁然打通，无不心摹手写，穿穴贯穿，从而形成铜锻铁铸般极其强大的全面性与综合性。李氏看到的不是“明珠”，而是“零碎”，一方面证明他削足适履的偷懒，一方面也看出他本末倒置的荒唐。

客：至于他说电脑就能做这样的工作，其口吻等诸街头小儿。

这等于说，铅字是最高明的书法，山间的火塘比原爆温度更高，殊不可理喻。李氏大概不知物理学巨子霍金去年曾说：“最先进电脑的智力，只相当于蚯蚓。”他大概也不知道美国管理学大师德鲁克所说：“网络泡沫势必破灭。”拿着鸡毛当令箭，将电脑和人脑、工具和智能混为一谈，云南人讲话，这叫做“扯经、横起扯”，总之是您说东他说西，扯来扯去，也就玉石不分了。

主：老李那一代人的知识结构和民初那一代人相比，断裂之深，超过马里亚纳海沟；裂痕之大，大过死人跟活人的区分。他们也搞学术，搞了一辈子，连个半吊子的“学术”也没有搞出来嘛。他的意思是电脑的搜索引擎可以做《管锥编》的工作，那岂不等于说，猴子在黑板上一通乱跳，居然写出一部莎士比亚——那只能是脑子高烧崩溃了。

客：李氏以为钱锺书著作是电脑可做的资料汇编，他倒写一行“钱体”文来我辈见识见识啊！原始部落战士见原子弹，谓之此乃大铁球，吹啥牛呢，李先生。

印象式结论的可疑

老作家某，前数年以饮酒过量故去。其人善谈论，作品淡远，率意而为，文体独创，人多称颂。其散文辄忆旧，记各地民俗，多印象式结论，论者盛赞之。

也正因为随意，各种印象式结论信手写来，读者屡见，久之不禁生疑，如谓：川剧文学性高，像“月明如水浸楼台”这样的唱词在别的剧种里是找不出来的（《草花集》，第 11 页：成都出版社）。

实则川剧在地方戏里面其独特处，在于戏台上之特殊技法，若谓文学性，则远逊于昆曲。所举唱词，在别的剧种若越剧、粤剧中也不难找到。

又如同书第 135 页写四川女孩跟养蜂人私奔，即艳称为农村式的浪漫主义。又说：“四川女孩做事往往很洒脱，想咋就咋个，不像北方女孩子有那么多考虑。”

更多别处的作家，文中屡见称誉彼处女孩，辄谓不像南方女孩子那样优柔寡断。自说自话，不知信谁，思之可发一笑。这样信口道来的“见解”让人吃惊。

看到这样的文字和“结论”，我总想起今之相声家，每到一地演出，段子前面，总把该地人物风俗恭维一番，极言他处所不及，信口道来，讨个口彩，原来却并不较真的。

一般说来，极肯定之判断应加以限制词，否则极易失却判断的意义，说绝对话，因为焦点集中在一处，往往须先顾及到被排斥的种种。

钱锺书先生《管锥编》中之绝对判断尝多有之。如论陶渊明《闲情赋》名句“瞬美目之流沔，含言笑而不分”，“谓流沔之时，口无言而目有言，唇未嘻而目已笑……陶潜以前，未见有此刻画。”这后面寥寥十字的结论，真是铁板钉钉子一样，结结实实，稳如泰岱，然而当中就不知消耗多少汗水、眼力、精神，因为非把陶渊明以前历代所有古籍看完，不能作此结果。即此不难领略什么是渊深的功力。又见张恨水先生20世纪40年代游西北的长篇散文《西游小记》，文中多有西北山水人物特殊点，即绝无仅有处，或他所罕见者，也用商量的口吻写出，绝弃一锤定音，反而显出他的大度、虚心、稳重，信是文章高手所为。

太随意的绝对话，还是少说一点好，否则适见己身学力穷乏之状而已。否则，被判断物若有灵，亦必为之哂笑不休。

文言、白话宜相安

今日文章恶性欧化，文学之作，文脉日浅。种种后现代，后先锋，新文体，新译本，削足适履，履则适矣，足削为病。食洋不化，其弊日深。

早在20世纪初叶，鲁迅、胡适、陈独秀、钱玄同、吴稚晖……诸人，皆反对文言甚烈，而倡白话不遗余地。他们都既有长篇大论的专文说理，也不乏随时随地逮机会就铺展一番的驳难、讥嘲、攻讦，令醉心“国粹”的人无所遁避。其中，又有由攻辩转为可惊的诅咒者，以鲁迅为最，他的《二十四孝图》兜头一顿猛捶，拜诵之下，有不寒而栗之感。他老人家说：“我总上下四方寻求，得到一种最黑、最黑、最黑的咒文，先来诅咒一切反对白话，妨害白话者，即使人死了真有灵魂，因这最恶的心，应该堕入地狱，也将决不改悔，总要先来诅咒反对白话妨害白话者。”（《鲁迅全集》，卷二，第251页）

事情就是这样矛盾。因为妨碍白话者，实际就是推崇文言者。鲁迅要用三个最黑的咒文来咒对手，吴稚晖这个“中华民国的大阿斗”要把线装书仍进茅坑几十年；可是他二位，用典的妥帖入神，句式的游龙起凤，文辞的滂沛，表达的准确、诙谐、深刻、有趣，以及文章的言之有物，在在都表明，其得力于文言文处多多。今日读来也就是新知旧雨了，叫人起一种特别的挂念！胡适也是开一代风气的文化大师，然纯就文章言，一味白话，一泻如注，读来也就不那么一见如“故”了。叶公超和鲁迅的文学观念，也可说是南辕北辙全不沾边，二人关系更是壁垒森严，极不相能。鲁迅与学衡派的关系，尤其以认知传统价值的分歧，而互为排斥。可是叶氏佩服他，悉在于鲁迅文章里面的文言气息，那种挥之不去浸润极深的与生命一体化的文章滋味。可见真正伟大的作品，必定与传统相连，与历史的感觉相连。

鲁迅从进化论观点断定“古文已经死掉”，这就完全出于心情的激愤，对社会黑暗面的极度厌憎，致文字大受社会运动的连累。其实即从进化论观点看，四书五经、汉赋，或者说，全上古秦汉三国魏晋六朝文到唐宋文、明清文言再到民国初期的浅显文言，这一条线上的种种变化之大、之深、之巨，实在是不停地进化呀！从民国的浅显文言陡然回跳到四书五经，稍加比较，其间的特点、风味、歧异，也就大得不可开交了。它所形成的知识系统，常是日新又新。这还不是转化、变化、进化吗？当然，传承关系也一直在起着藕断丝连的作用，而最可贵的正是这种传承关系，它是血脉的贯通，生命的赓续，人为地硬生生地斩断这根脐带，而衍生成一种全新的白话文，无异于胎儿未足月，却要使之离开母体，那恐怕不是什么创造，而是一种想当然了。最后结果不外是“穷汉难养隔冬鸡”，水中捞盐，每况愈下了。

陈独秀大力倡导民间文学，挥斥廊庙、山林、贵族的文学；诸位大师都是肝火旺盛，痛心疾首，企望朝发夕至式地改变社会，其心可恕。文言文作为一种工具，固然浸透了封建的质素，他们谓之毒素。然而正因为文言文是一种情感工具，它同时也就包含着生命的活力及生命的质素在。也就有反封建的质素在，若将种种社会问题、社会矛盾、封建残酷专制统统归之于文言的存在，固然一时解忿，但随着时间推移，可知究竟不是那么回事。

白话文大师们又以为用文言文来教育儿童，令孩子的世界中没有一丝乐趣，诚然。但是朋友，看看今天的白话文课本吧，那可是白得像白开水一样的纯白了，里面有什么乐趣吗？连苦趣也找不到呀！所剩只有无趣罢了。若说文言是专制社会的产物，那么“四人帮”之类的大老粗极权分子，其文言修养可以说是很差很差了，他们懂什么文言文呢？看看江青、叶群的旧诗体吧，绝似地狱变相图，比半通不通的洪秀全天王还不如嘛！实在是阎王出告示，鬼话连篇啊！然而，他们却把专制中最残酷的因素发挥到了极顶！反而，严复、林纾这些反对白话文者，文章大师，却一腔仁心，也并不反对科学。国父孙中山先生及其同盟会元老、助手，多为文章巨子，所作文章字字珠玑，不时涌动着智慧和远识的波浪，好文章结构天成，笔力惊艳。在他们那里，文言也可以和民主、科学，发生血缘亲情呀！

唐德刚教授曾经证明，文言文所保留的19世纪以前人类社会的文明，超过了世界上其他所有文字保留量的总和，皇皇大哉，宏深如是。而文言的灵妙又不止此，也许更为重要的是它是中国人内心的东西。周作人解放后回忆鲁迅，言其饶于士大夫气质，此真见道之论。鲁迅作品饱经文言浸润，仿佛老酒，加药、加香。朋友！试将鲁迅作品精粹，译成也就是稀释成大白话试试看吧，必然是啰里啰唆，清汤寡液，满篇没劲！这是为什么呢？原来，文言文正是鲁迅内心的东西啊！而内心的精神气质，怎么可以随意稀释、随意糟蹋呢！鲁迅国学基础雄厚，下笔古气郁郁，惯性使然。所以攻击文言的白话论者无论怎样的呼天抢地，垂涕以道，倡导白话，甚至弄得文化界河翻鱼跳，他们的承诺和吁求到今天也不过是一袭皇帝的新衣啊！在“四人帮”时代，欧美是“资本”，苏俄是“修正”，国粹是“封建”，所有的世界文明，都给他们扣上吓人的大帽砍削排拒，造成国人一种闭锁的心灵状态；文言文不幸也在其斫斩之列。这运动的过程，我们失却了无量的文化生命，文章一概地受阉割，枯干无生机，文章传统与人生乐趣扫叶都尽。看看今日老中青，诸种不同形式的博士卖驴体文章，下笔千言，言不及意，那仅存的点滴审美期待，也就日薄西山，或者泥牛入海无消息了；反观老辈的文言、白话论战，倒觉得国粹论者颇有一种挺身犯难、忍辱负重的心情，在历史文化的挫折中，弥见生挺，值得后人馨香礼拜。晚清时期，深于文言、利用文言的坏人也是有的，但人与物是两码事，不可以文言、白话对垒来简化社会事实，来形成新的壁障。

1934 年秋，胡适在北大讲课，为拒政府之邀从政事，与醉心文言之学生分别以文、白二体拟电报，学生以文言：“才疏学浅，恐难胜任，不堪从命。”胡适以为：“不干了，谢谢。”胡先生以为白话胜文言，白话五字包含文言十二字文意在内，这真是全然不顾事实的常有理，不讲理，讲歪理。“不干了”，很生硬的三个字，如何包含十二个字的客气话？若是对其邀请根本置之不理，岂非可得大音希声的美誉吗？大师滑向偏颇，发议也就大有问题。

有的人文章爱用民间谚语，而古来大量谚语其实正是一种民间的文言文，其流传的久远和它千锤百炼的传神表达，正是两面一体、血肉难分的啊！文言、白话原可相安无事，人为地导其干戈相向，一以轻率，一以势利，一以无美感。不要一提文言文，就想到某几个人的某几篇佶屈聱牙的产品，或者庙堂供案上的冷猪肉。除此以外，文言传统悠久的构筑，源远流长，刚健婀娜，灿烂千古，恰是中华民族可以自豪于世界的精神宝藏，里面更有同一时空中同一人种的血肉联系，及语言文字孕育酝酿的感情愿望。那最黑最黑的咒文，本应另有所属——老天！还是不要加诸它们头上吧！

时间深处的怀想

“女病妻忧归意急，秋花锦石谁能数？”（元稹）“落红万点愁如海。”（秦观）“白发三千丈，缘愁似个长。”（李白）“无端篷背雨，一滴一愁生。”（清人句）贺铸更以“一川烟草，满城风絮，梅子黄时雨”状愁绪之无可排遣。愁之极境，前人已极言之。或闲愁满怀，或对景生愁，或因生存意志的怀疑，或以物质的困穷，愁雾弥漫，如影随形，挥之不去。

张恨水先生当动荡岁月，民元以后，风雨如晦，鸡鸣水已，军阀暴生，国无宁日，各地志士屡仆屡起；抗战以后，又辗转流徙，衣食住行的基本生存固成问题，书籍的奇缺，更使精神难得点滴寄托。《剪愁集》即写于这一漫长时期，遭遇坎坷，颇多难言之隐。彼时新文学已大倡，小说、戏剧、散文、语体诗，构成新文学主流。诗词之道，虽未湮没，然亦颇乏市场，新文学家更视之为远远落伍于时代的雕虫小道。更因北洋政府时代，老牌官僚政客往往把旧诗拿到势力场上作交际之用，与清客的媚态，相揖让唱和。而其本质，却是私欲内里，风雅其外的。就连吟风弄月、偎红刻翠都算不上，徒成其妄念贪心的装饰品。结果自然不免连累到文艺本身。新文学家固然有激使然，多弃之如敝屣，一般中青年文人，对它亦冷落；

虽然他们不免有些旧文学的功底。其实就主因来说，委实并非错在旧诗本身。周氏兄弟、俞平伯先生的诗词作品其价值均不在他们的新文学之下。而郁达夫的大量旧体诗作品其价值均不在他们的新文学之下。而郁达夫的大量旧体诗，近年见有论者以为其审美分量在其小说、散文、文论之上，亦可谓知言。恨水先生那样饶于老派情怀的文人，他的诗词、散文，俱为小说的巨大声名所掩，实际上他的旧体诗词既合于温柔敦厚的诗教，又能近接时代氛围，使个人品格与知识分子的怀抱相交织，同时亦将民间的疾苦、兴亡的情绪寄托其中。他的《春明外史》《啼笑因缘》《金粉世家》虽以章回体名世，实际上也是章回体的《家》《春》《秋》，艺术价值和社会影响都并不在后者之下的。《剪愁集》之“剪”，略等于现代文论中的宣泄、升华之说，故言愁即是剪愁。在恨水先生或宛转或直捷表达的种种深隐大痛之间，对于世风的转变，时代的激荡，民族的冲击廊庙与江湖（上层与民间），我们后人不能不为之啼感三叹。虽然逝水流光，斯人已杳，但古今人情不相远，意识形态固已一变再变，而时代的风烟余烬里，后人亦不难找到自己类似的影子或理念。

《剪愁集》可圈可点之处实在太多。固然说欢愉之词难工，穷苦之言易好，但身处怨愁困乏，在孟郊、贾岛这些古人，一变而为通彻的绝叫；在恨水先生，却在言愁的当中，保持了儒者相当的敦厚，愈见其沉痛悲凉，入骨的沉郁。他的绝句承转自然，无丝毫斧凿痕，妙在言语之外，是近乎天籁的那种。七律以其格局工整，可以写景，又可以传情，无如诗中最难学的就是这一体。恨水先生以渊深的旧学功底，天才诗人的情怀，笔下律诗亦多浩气流转，往往以血性语，直搔人生的痛痒。有时造意深远、措辞谋篇巧不可阶，仿佛字字露光花气，十分醒眼，有时又出以打油之体，类似白话，一看便懂，却字字非悲风苦雨，非大手笔大力量不能妥帖。忆昔十五六年前，我们这群毛头小子正在大学听教师讲现代文学史，无非说恨水先生是典型的言情小说家，也是轻轻一语带过，误人子弟，往往莫甚于课堂。实则就先生全集而观之，言情比重并不太大，往往在抗战以后，其各类作品，无不与民主政治、抗战建国有关。他的新旧兼备的思想，又使他养成愤世嫉俗、守正不阿的态度。罗承烈先生说，所有一般“文人无行”的恶习，在恨水先生的言行中丝毫找不出来。他一生写文卖文，对世道人心有绝大的启示，却无半点非分之想。因此先生卷帙浩繁的作品达三千万字以上，而且都是站得起立得稳，从容不迫中透着泼辣犀利的，是现代文学中最经得起考验的丰碑，不可低估的文化财富。

“热肠双冷眼，无用一书生。谁堪共肝胆，我欲忘姓名。”（《记者节作》）“一瓶今古花重艳，万册消磨屋半间”（《五十九初度》），“登台莫唱大风歌，无用书生被墨磨……都传救国方还在，早觉忧时泪已多。”（《枕上作》）“百年都是镜中春，湖海空悲两鬓尘。”（《敬答诸和者》）含意无穷，哀而不怨，然读之每觉泪下难禁。不读民国史，不足以读《剪愁集》；不思索当今社会，不足以尽尝剪愁之深意。“苍蝇还到冬天死，世上贪污却永恒。”“官样文章走一途，藏猫式的捉贪污。儿童要捉藏猫伴，先问人家躲好无？”（《苍蝇叹》）“这个年头说什么，小民该死阔人多。清官德政从何起，摩托洋房小老婆。”“谈甚人生道德经，衣冠早已杂娼伶。”（《无题三十首》）“久无余力忧天下，又把微薰度岁阑。斗咏友朋零落尽，一年一度是诗寒。”（《丙戌旧历除夕杂诗》）灵光闪烁的古汉语，在恨水先生那里得以出神入化地运用，旧瓶所装的是新酒，更可贵的是诗人正直敢言的人格本色。言志与载道两者的水乳交融，忧患的意识以批判的锋芒出之，使之成为一种别致的杂文诗。家国之感郁乎其间矣！今读《剪愁集》，绕室徘徊，不能安坐，益觉旧诗不灭的生命力。

“满长街电灯黄色，三轮儿无伴……十点半，原不是更深，却已行人断。岗亭几段，有一警青衣，老枪挟着，悄立矮墙畔。谁吆唤？……硬面馍馍呼凄切。听着叫人心软……”（《白话摸鱼儿》）浅近文言，古白话，现代白话，在恨水先生笔下，其表现力是惊心动魄的！大俗反获大雅。似随意实讲究，如这阕《白话摸鱼儿》，其尖新与朴素，奇巧与浑厚，下词之准，状物之切，情景的逼真，声色的活现，不可思议地交织在一起，不能不推为白话长短句的典范。

20 世纪 30 年代初虽然创痍满目，乱象横生，文化人的生存尚有一席之地。等到 40 年代，国破山河在，精神和物质都无路可走之际，国人仓皇如幕燕釜鱼，文艺的色调，自然也由另动多元衍为潦倒哀哭了。人真到了绝境，是很难幽默起来的。苏东坡以为文人之穷“劳心而耗神，未老而衰病，无恶而得罪”，是从作文那一天起，忧患即相伴随，几乎是先天的。不过以此衡量恨水先生，在言愁方面，却只说对了一半：他更多的是忧时伤世，自哀哀人。他对民间疾苦，有着近乎天然的感触。当然在创作的效果上倒是欧阳修序梅圣俞诗集所说“非诗能穷人，殆穷者而后工也”。事实上诗人与穷愁结缘，是自古而然的。只不过可穷者身，而不可穷者情志而已。狂者进取，狷者有所不为，旧时文人最多这两种，都可取。恨水先生却不是狂者也非狷者，他是堪为士范的贤者。旧道德和新思想在他身上得到奇妙的亲和融会。他的一生和他的全集一样，是一出漫长的传奇文，洋溢老派和正气。他是那种典型的老作家，重友谊，尚任侠，像长途跋涉的骆驼——这样的作家近乎绝迹了。他的小说，固是白话，而他的诗词散文，却在白话中浸透了文言气息，楮墨内外虽与时代共呼吸，忧时之士的苦闷，而他的心情，确实很旧很旧的——令人揣摸不尽的旧时月色！负手微吟一过，满心都是温馨和苍凉。这是因为他一肩是中国文学传统，另一肩是西洋文明。他的写作生涯回忆，说他年青时产生过才子崇拜和革命青年兼具的双重人格。他笔下是传统纯正的中文，思致宛转，尺幅兴波。今天的文场，面对弥望的翻译体，那种像掺沙豆粥的文字，别扭拗口，冗长空洞。他们的初衷是要写话，结果却是不像话。古调虽自爱，今人不多弹！这样的情势下，不免令我们越发怀念恨水先生的文字空间，怀念那醇酒一样的、文字的陈年旧曲。

大梦谁先觉

一

烂柯山久享盛名，在今衢州市附近。那里有后人增补的石刻对子:“入山道道通奇观,进洞人人似神仙”。较之烂柯山那深沉的典故，这对联浅俗得小儿科了。

烂柯山之有名气，缘于晋人王质上山伐木，遇仙观棋忘返而斧柯烂掉的故事。

因为那古远的故事，烂柯山是一座令人感伤的山。

南北朝时期任昉的《述异记》里面说：“晋王质入山采樵，见二童子对奕。童子与质一物，如枣核，食之不饥。局终，童子指示曰：汝柯烂矣。质归乡里，已及百岁。”

这一段故事很有意思，妙处在亦玄远，亦温馨，亦感叹深沉。以今天科学的观点来分析，好像站不住脚，但在事实上或心理方面具有相当的存在价值，并非毫无根据的呓语。

这个故事中的主人公王质，在山上只看了一局对弈，而柴斧上的结实木柄就已腐朽断烂，回到家里，百来岁了。这种情形在我国古代大量神话故事中,本不算稀奇。但其共同强调的,却都是所谓“山中方七日，世上千已年”这样强大的时间冲击波。

朱熹有感于此，有诗叹道：

局上闲争战，人间任是非。
空叫禾樵客，烂柯不知归。

孟郊《烂柯石石桥》感慨似乎更为深郁：

仙界一日内，人间千岁穷。
双棋未遍局，万物皆为空。
樵客返归路，斧柯烂从风。
唯余石桥在，犹自凌丹虹。

记载此事的另一版本，是郦道元的《水经注》，他说：“信安有悬室坂，晋中朝时，有民王质伐木至石室中，见童子四人弹琴而歌，质因倚柯听之……童子云：‘汝来已久，可还。’质取斧，柯已烂尽，便归家……计已数百年。”

与此异曲同工的，乃美国前期浪漫主义作家华盛顿·欧文的不朽杰作。他的传奇小说《李泊大梦》是以纽约的哈得逊河谷作背景，凸显了新大陆的传奇色彩和浪漫气息。《李泊大梦》中写一个农民李·普凡·温克尔上山打猎，遇见一群玩九柱戏的人，温克尔喝了他们的酒，沉睡了二十年，醒来下山，见城市、村庄面目全非。李泊对世界已发生巨变茫无所知，时间在这里制约人的一切行为。

绝妙和深刻之处在于，他一夜醒来之后，世上已经是二十年之后了。物是人非的强烈感觉，乃在于，山水依然，村路如故，但是那间村中旅馆的匾额，已从英王乔治三世像，变成了“大将华盛顿”。早年坐在这里的村民始终是倦容满面、无所事事的样子，现在则气概昂然，言论锋利，所谈论的，都是自由、议会、选举、民主、民权等他这个“隔世之人”所一无知解的概念。懵懂之间，他不知道这世界是否给妖术所变迁，或有另一种沧桑？作者的高明在于，他把变化的契机安排为专制与民权时代的交替，划时代的分水岭标志，特别地醒目。

这种一睡多少年，醒来则“城郭人民半已非”的情形，属于童话学里的“仙乡淹留型”，旧时儿童的描红格有五言诗：“王子去求仙，丹成十九天。洞中方七日，世上已千年！”也是这一类的故事。但是《李泊大梦》还有人生哲学之外更为超越的地方，因为它深藏着对制度的选择理念。当二十年过去，他回到小村庄的时候，问及一朋友，则云死矣，坟上木已拱矣。又一朋友，则在独立战争中有战功，已为将军，入议院为议员了。世局变幻如是，孤单无依的畸零之感，一下子涌上了老人的心头。慢慢地，他稍微适应了这样隔世的生活，头脑略为转变过来。最为庆幸的是，他那凶悍的妻子归西多年。当人们也理解他的传奇故事时，那些家有悍妻的人，也都愿意饮其酒，做其梦，盼望重温其经历，目的就是逃避闺房的专制。所以在小说开头，作者大写其家庭的躁动，妻子的詈骂阴损，难以通融，不为无意，盖其为美国独立过程之一种象征耳。

二

普通人打一个盹儿，有的只有几分钟，喜欢感叹人生如梦为欢几何的李白，他的《春日醉起言志》则以一生为梦寐的单位：

处世若大梦，胡为劳其生。
所以终日醉，颓然卧前楹。
觉来眄庭前，一鸟花间鸣。
借问此何时，春风语流莺。
感之欲叹息，对酒还自倾。
浩歌待明月，曲尽已忘情。

这与时间空间的关系可谓一体化，密不可分。近有英国科学家提出另一种理解时空的理论，其意思是，光阴流逝是人类最基本的体验，人们的生活建立在不可更改的过去，和具有种种可能性的未来之间，倘非如此，则无法理解生活的本质，以及在过去和未来之间端坐的神秘莫测的现在。(《参考消息》，2003 年 11 月 3 日）

但根据爱因斯坦的广义相对论，时间和空间本是不可分割的块。在时空中，过去现在和未来同时存在，因其乃一种凝固的结构，不会发生变化。在这个结构中，没有所谓时间的流逝，也没有现在的位置。

不过近日英国科学家就对此表示异议，以为重新理解，可使时间流动起来，这就是因果系理论；因在广义相对论中，时空呈四维结构。然而，今日的科学家认为，一切物体都有一个最大的运动速度，此速度的限制，意味着我们可以不从四维结构而可从事情发生的顺序上思考时空。光速的不可超越性为时空提供了一个顺序，因此就点与点之间的因果关系而言，几乎可以重组关于时空的一切。而确认时间的流动性乃是重大的审美进步和概念进步。

如此一来，根据时空不可分的原理，以及时间的流动性，可猜测李洎、王质所处地方（点）,其空间结构有异于地球常规,即非四维，而是多维。

问题是时间往往与人生的社会性血肉相连，密切到不可须臾分离的地步。于是时间的感叹才如此沉重。巴金的弟弟回忆他们共同的三哥李尧林，说年轻时候在上海，生活孤寂清贫，就像家里面的觉慧，在那个腐朽的世纪，读书苟活，为良心为民族，做一个隐士。但他没有可爱的琴表妹——那是小说里制造出来的。她代表年轻时候青年知识分子的一点理想，一点幻觉。物质生活减到了零，身躯瘦弱不堪。不是什么英雄人物，他卑微得很，在这样的境况中耗费了全部的生命之力，寂寞悄然地死去，墓碑上刻着："永别了，我的心在这里找到了永恒的家"。那是从他喜欢的俄罗斯小说中摘取的。谁知道在十年浩劫中，就连坟墓也给红卫兵弃骨扬灰，荡然无存。

在乱世里,是如此短暂苦恼的人生。李健吾对此大有感慨,他说："去了也好，对于清贫自守的君子，尘世真的是太重了些，太浊了些，太窒息了些。百无一用是书生。"

三

"人生如梦耳。人生果如梦平？抑或蒙叟之寓言乎，吾不能知。

趋而质诸蜉蝣子，蜉蝣子不能决。趋而质诸灵椿子，灵椿子亦不能决……”这是《老残游记》作者的感慨。

梦寐的人的醒着的痛苦，若翁同龢在碧云寺看花，听松声萧然，默坐良久，寺院东面玉兰树花事正盛，他不禁咏道：“突兀看花发，苍凉奈老何。想旧事前尘，观山河风景，一种人生蹉跎的感觉涌上心来。大梦谁先觉，这是心灵胶着的最为严重的状态。也只有从咨嗟到沉默了。他的朋友张雨生是海宁知州，性格坦荡冲和，翁同龢说他“于俗百无适”。他的《触目》说是“升高试腰脚,已觉逐年非”。另一首病中口占：“六十年中事，伤心到盖棺。”前者是时间的制约，后者是生老病死的威胁；但即令是赏心乐事，也同样生发困惑，一种梦寐中的梦寐的感觉，乐与忧的两极都向此认知靠拢。

脂砚斋是怎样认识《红楼梦》的？脂砚斋在“瞬息间则又乐极生悲,人非物换,究竟是到头一梦,万境皆空”四句旁写了一侧批:“四句乃一部之总纲”。空与梦，所在无不是梦，一并风月鉴也从梦中所有，故谓红楼梦也。贾宝玉的心和社会俗世脱节了，所以他的孤独就只能弹奏出一曲人生如梦的哀歌。

人生如梦，早生华发，江山人物的推移，油然而生人生短暂与万事皆休的悲凉感慨。这种自嘲自解的旷达情绪，推己及人，恐怕也是人类对时间反映的一种普遍心理、普世价值吧！或者譬如朝露，去日苦多；或者是但愿人长久，千里共婵娟；或者是“滚滚长江东逝水，浪花淘尽英雄。是非成败转头空，青山依旧在，几度夕阳红”；或者是黍离之悲的家国残破之痛；或者追慕前时间的即历史上的英雄美人，老之将至而壮志难酬的深沉苦闷；或者在乾坤（空间）相形之下在年岁（时间）的爬剔掌控之下的渺小与惭愧;或者生逢末世，命薄运厄，现实总让抱负成虚，用世也好，遁世也罢，不免自伤老大沉沦。“莺啼如有泪，为湿最高花”（李商隐：《天涯》），伤春残日暮，伤感中带着时代黯淡没落的投影。这样的深沉感叹，不仅笼罩个人际遇和故事，而且笼罩古今多少事，笼罩千年历史。不知我者，谓我何求。而知我者，自然就要谓我心忧了！

大诗人李白，他的大量的诗都是人生得意须尽欢之类的酒歌；很显然的，他的片刻的欢娱无非是悲观和失望的另一种形式。在他的酒歌中渗透着人生如梦的低沉悲凉的调子。虽然“公瑾当年”、“一时多少豪杰”，不免“逝者如斯”；或者“可怜无定河边骨，犹是春闺梦里人”。苏轼说，孟德“固一世之雄也”，但“而今安在哉”？“人生如梦”。前人的思索以哲学反问方式出来谢幕，感时光蹉逝，岁月无情，叹转眼千秋已易。

生命如寄，良辰美景，稍纵即逝，风流总被雨打风吹去，“弃我去者，昨日之日不可留”，这是人类普遍的悲哀。

刘备三顾草庐时孔明午睡后有吟诵：“大梦谁先觉，平生我自知，草堂春睡足，窗外日迟迟。”梦是日常生活的反映。他的人生哲学思考是在梦中完成的，人生数十寒暑，和宇宙的存在对比，眨眼一瞬耳，人生如梦，梦似人生，声犹在耳，事实上又是另一个千年！

品物者的心情

——谈《毛诗品物图考》

这是一本很寂寞的书，讲一些花花草草，虫鱼鸟兽；引述古典博物书籍来梳理自己的想法，又纂辑各种图案来补充丰富对自然生物的认识。说它寂寞，是因为只宜“多识草木虫鱼鸟兽之名”，除此以外，似乎也并无太大的作用；不过这种书，最适合心情落寞的人来读。李敖曾引西哲某的话说，他认识的人越多，就越喜欢狗。我们不妨替他改一下，叫做认识的人越多，便越喜欢草木花卉，虫鱼鸟兽。

编纂这本书的是一个日本人，叫冈元凤。他荟萃群书，择善而从，为的是使读《诗》者有所助益。天下之大、物象之繁，才构成了这个生机勃勃、幽秘万端的大千世界。就《诗经》一书所列生物择要而绍，也有近两百种；就《诗经》各句而引起，集、传、疏、证、图，各相补益，也可见出文化的积累。所以，清光绪丙戌年孟冬之月，翰林院编修戴兆春慨然为之序，他说：“溯流穷源，顾名思义，因形象而求意理，因意理而得指归。”这也就是很了不起的作用了。

《毛诗品物图考》这本趣味盎然的小书，分七卷，细述草、木、虫、鱼、鸟、兽之名义，就《诗经》风雅颂、赋比兴六义所涉取的鸟兽草木，一动一静，一枯一荣，细悉纤浓，无所不至。翻开这本书，心眼也随之激活，山林沛然之生气，郁乎其间矣！他集释“投我以木瓜”这一句，引述《尔雅》《图经》《诗集传》等，说它是“可食之物，实如小瓜，酢可食”，“其木状似柰，其花生于春末，而深红色，其实大者如瓜，小者如拳”。图案尤为兴味纡郁，线条饱满曲折，似见生物之蓊郁，绿可染手；又仿佛于深山大壑中行走，林木气息如药香，空翠润泽可湿人衣。品物之品，确可品出深郁的味道来，其释意，或直接，或参照，或互证，或模糊，或简略，或细密；然就图文并茂而言，却又是诗意的，活色生香的。

像“泛彼柏舟”这样的名句，一些人早在小儿念经的时候就朗朗上口了，可是看了图考，又不免生发一种盎然的情味，晓得了所谓“柏”，是“木所以宜为舟也”，又晓得它“树耸直，皮薄，肌腻，三月开细琐花，结实成球，状如小铃，多瓣，九月熟，霜后瓣裂，中有子大如麦，芳香可爱。种类非一，入落惟取叶扁而侧生者。扁柏为贵，园林多植之”。此种诠释，说它有益人心世道，固无不宜；说它诗意盎然，令人生欢喜心，就更恰切了。作者又引述五六种古籍，详辩“莎鸡振羽”之莎鸡这种小昆虫，把它和斯螽、蟋蟀、纬车等小虫区分开来。这样一来，泥土和花卉的气息就浓郁了，草虫的鸣声也似乎更丰富多样了。图案的作者，均不见注明，想亦是当时的画师吧。不少图案似出于一人之手，盖画风相近也。“鸳鸯于飞”一图，看到那种可爱可亲的水禽，令人生一种虽孤单却不冷落的心情。鲁迅先生说《花镜》《山海经》《毛诗品物图考》都是他少年时“心爱的宝书”，他很愿意看这种石印的图画。

喜欢这个书名。喜欢草木禽虫的情态。喜欢释意中自甘寂寞的心境。对我来说，它使我仿佛回到了西南部的深山，仿佛走进了动静交织、万类生动的大自然深处，在孤灯下，起来一种古旧的心情，思绪流逸了很远，一时竟回不到现实中来。

《水浒传》评论三奇书

20 世纪 30 年代迄今，文化界作《水浒传》文章者，火矣。70 年代甚至出现评《水浒传》运动。批评赞弹方面，有三本奇书值得一谈。这三本书是：张恨水《水浒人物论赞》（万象周刊社出版），孟超《水泊梁山英雄谱》（三联书店新刊），牧惠《歪批水浒》（百花文艺出版社）。同为评论水浒人物，孟超冲动激烈，张恨水哀伤沉郁，牧惠痛愤深远。前二者成书于民国时期的 20 世纪 40 年代，后者写于当世八九十年代；而其对社会的批评，对人生的感慨则各一。

孟超哀于国事及世运的衰微，在《水浒传》英雄谱中纳入的是一种抗拒、破坏、挑战的神思，以其愤世嫉俗达于极点，一心期望唤起国人的新生，打破社会现状重新结构。故对《水浒传》人物评价，也完全突破寻常认识；但这样的后果，一则偏离原著精神，二则矫枉过正，由一端滑向另一端，其真正要阐发的衷曲，反而失去依托。张恨水的《水浒人物论赞》排列顺序严格按照原著座次排列；而孟超笔下，人物排列顺序则大显其个人好恶，至于爱之欲其生，恶之欲其死的境地。白日鼠白胜是一个无事东游西逛的闲汉，孟超却以之居第三位。白胜武艺稀松平常，更无冲锋陷阵的勇猛，孟先生看上他的擅用药酒麻人，在将倒的一刹那，惯说“倒也倒也”。甚至白胜的游手好闲，孟先生也为之回护，认为是皇帝“领导”不好造成的。而那句“倒也倒也”最符合孟超痛苦的心态。“倒也”，等于是40年代社会最底层的小知识分子给当局的咒语，好比老舍笔下晚清的老头在茶馆说“大清朝快完了”是一样的心曲。这也难怪，孟超心灵极度痛苦而无出路，不难理解；但文章境界来说，不免大受影响。诗中高境首在沉郁，其次才是直截痛快，评论也如此。直截了当乃至跳踉搏跃，往往影响到文章的深度、力度。孟超对宋江的评论也跟历代文论家不同，跟同时文家也大异其趣。他认为宋江居然是同劳动者穷人打成一片的，这就太抬举宋某人了。孟先生的一相情愿，竟说出令人吃惊的话来：“宋江作乱造反的胚苗慢慢发展下去，便与梁山弟兄的胸襟得到了契合，这胚苗不是别的，就是他的作为和别人称赞的那个义字。”

这真是井水河水全不搭界的事都给扯到一块来了。其实金圣叹早就断言宋江“定考下下人物”，为什么呢？以其“奸猾”、“无真”、“纯用术数笼人”（见总评及各回评）。张恨水论宋江说得明白：“观其人无文章经世之才，亦无拔木抗鼎之勇，而仅仅以小仁小惠施于杀人越货、江湖亡命之徒，以博得仗义疏财及时雨之名而已。何足道哉！”又说：“实欲反赵，犹口言忠义，以待招安欺众兄为已用，其罪不可胜诛矣。”

这种有如点穴般的文学评论才真正使人物面目原形毕露，无所遁逸。

牧惠先生则攫住宋江的真真假假，褫其画皮，直达内核。而牧老文心之细，细于毫发，既在前人基础上发挥，更敏锐抓住为人所忽略的细节，层层剥笋，多边荡开，创获颇多。他由宋江言行的真真假假，半真半假，亦真亦假，多处横起一峰竖起一峰，文情跌宕，由宋江的假与伪发挥道："宋朝的开国皇帝赵匡胤说，他是被部下硬把龙袍披在身上，不得不当皇帝的，谁信谁是白痴。"说得斩截亦甚精确。牧惠一支老辣灵惠之笔更由此上溯金圣叹所揭宋江之假，几十年前"评水浒"的学者之假，由小巫托出大巫，令人心惊。又由生辰纲案发一节带出宋江的公关费这个定义，且举重若轻，随笔写出历史上到今天的贿赂种类、形式，乃至以今日社会的荒唐现象，接洽宋江走皇帝姘头李师师后门。设若孟超、恨水先生有所闻，其颔之乎？

武松在小说中，在后世论师笔下，都是一个焦点人物。此三家所论，亦各见匠心。金圣叹对他极为崇拜，说是"一百八人中。定考武松上上"。"鲁达自然是上上人物，写得心地厚实、体格阔大，想鲁达已是人中绝顶，若武松是天神，有大段及不得处"（《读第五才子书法》）。金氏整部点评以武松为最高，已达极端尊崇拜倒地步。孟超《水泊梁山英雄谱》从天罡地煞一百零八人中，选评三十二人，以武松殿后，视之为土芥。孟超激于社会现实黑暗，又拿阶级分析的观点来契入，兜头就是一盆凉水，把一顶封建卫道士的帽子给武松戴上，认为他终究只是为封建势力做保卫工作，他身上所赋有的士大夫思想更为孟超先生蔑视："因此伦理观念，奴才道德种种的邪恶，皆在武松身上表现了个周全。"

文学原型留给后人解说的余地至为广阔，不同的角度得出的观察真是其妙万有，各个异趣；但将原型一把扯住，来个首位颠倒，到底也容易流于简单化。甚至武松打虎，孟先生也认为那"不过是为了滋味罢了，又何尝真能意识到为一方除害呢"？这实在就是站不住脚的求全责备了。这好比我们今天拿野生动物保护法来衡量武松或者以佛家舍身饲虎的标准来要求他，一样是责任太过，难以成立的。在孟超先生的眼里，武松一落千丈，只是“囿于奴才道德的斗宵之士而已”。

道德规范、抗争的手段及方法，都有时代性，任何时代的伟人，都不可能跳出其时代环境而生活在别处。立言之顷，空诸依傍，而能眼光辩证博大者，十不一二，甚矣著述之难也。

实际上、就算从激烈前卫的批判现实观点来评价《水浒传》人物，也不必拿武松来做牺牲开刀。张恨水先生认为，超人之志，过人之才，惊人之事，一般人只有获取其中一种，而武松则兼此三者，可谓了无遗憾。真正与武松互为知已者，又不止感动于此三点：

“只觉得是一片血诚，一片天真，一片大义，唯其如此，则不知人间有猛虎，不知人间有劲敌，不知人间有奸夫淫妇，不知人间有杀人无血之权势，义所当为，即赴汤蹈火，有所不辞。天下有此等人，不仅在家能为孝子，在国能为良民，使读书必为真儒，使做官必为纯吏，嗟夫，奈之何！世不容此人，而驱之于水泊为盗也。”恨水先生为武松长叹，而惜之、爱之、敬之。

这样看来，武松不但不是斗宵之士，反而是一个光辉万古不灭的汉子；假如我们不愿尊他为天神。照着他闪光的凛然大义换算下来，可以在后世找到他的影子：在明末名臣中，他是义薄云天的史可法；在清末他很像敢作敢为的谭嗣同；在孙中山先生周围的党人领袖，他是立身周正的宋教仁；在现代知识分子中，他很像士大夫气质浓厚的傅雷，狷介自守，士可杀不可辱……

三家评《水浒传》，在认识武松这个人方面，最可看出其着眼点，孟超有激使然，固如上述；张恨水先生也甚奇僻鲜明，对武松推崇备至，其论述尤见匠心。孟超论武松，采用倒两分法，流于简单化，难以服人；张恨水一往情深，读之催人泪下。牧惠论武松则较客观，设身处地，体贴入微。若武松在张都监家大开杀戒，他定之为正当防卫，牧老由此提出恕道的辩证关系。“不少人总是提倡让愚民讲恕道，宽恕那些曾经压榨过、迫害过、诬陷过小民百姓的统治阶级帮凶，自己却不独一个也不饶恕，往往一桩冤案就杀害比武松在鸳鸯楼杀的多百倍千倍的反革命……”牧老这篇《武松的合理防卫》结尾就实例“费厄泼赖”谓那十数年前重提此观念的人，时至今日，不知何感？映照《水浒传》原著，令人思致勃勃，其开人智识有如此。

张恨水先生在《水浒人物论赞》之外，尚有小品《一个无情的故事》，载 1939 年 9 月 26 日《新民报》副刊，以《水浒传》人物组成内阁讽喻当时社情：

内阁总理：铁扇子宋清（标准饭桶）

内阁总长：潘金莲

外交总长：三寸钉武大

工商总长：西门庆

财政总长：鼓上蚤时迁（善走黑市）

教育总长：黑旋风李逵

陆军总长：小霸王周通（善挨揍）

海军总长：白日鼠白胜（耗子浮水是新闻）……

此外别无议论，真可谓不着一字尽得风流，有羚羊挂角之妙。恨水先生不愧为文章巨子，叫人油然忆及鲁迅的讽刺诗“何键将军操刀管教育”，及日军侵华时中国军阀的“长腿”、善逃跑善挨揍的将军们。他对白胜的认识显然比孟超一味地歌颂棋高一着，而影响社会的力量也更远甚之。此文发表不久，张恨水办公室军统特务悄然而至，似乎很客气地问他是否有兴趣到息熄集中营休息休息？即可侧面证明文章的打击力度。牧惠《鼓上蚤另有任用》和张恨水有类同的笔致，只是更为恣肆罢了。

聂绀弩先生回忆，孟超先生在20世纪40年代，给人的印象是消瘦无比，但干劲十足；再者就是穷愁潦倒，一大家人常常无米下锅。不少下层知识分子遭际之惨，古今一律，至今谈者鼻酸。孟超为现实黑暗所激，日夜切齿腐心，痛恶不已，遂在《水泊梁山英雄谱》中，寄托他的忧愤，对政治不公，社会不合理，就连续发弹。但仿佛易怒之人易发抖一样，他压住扳机不停地横扫，往往弹多虚发，偏离靶心不少。只是说，孟超有个基本立脚点，迫不及待改造社会，处处表现他的冲锋精神；发挥与原著错位，终究其论可商，其心可谅了。如谓“现实世界的靠背究竟比失时失色的铁券来得有势力得多”（论柴进），“七尺昂藏的林冲，莽莽天涯，孑然一身，有国难处，今去（发配）沧州，一语一泪，使人不堪卒听，更可见在高太尉集团的势力下，要想安居乐业，一起都不可能”（论林冲），都是毫不含糊，绝有眼光的识见。至于白胜以一平凡老百姓而有反抗之心，他的游手好闲不但可以忽略不计，作者反而“我顶礼他，我向他祝福”，以及论花荣，“世代簪缨，自难与下层老百姓心意打成一片，也不会替他们说话。”俱似落入武断之障。洪秀全是个地道老百姓，他和他们打成一片了吗？为他们说话了吗？反而，晚清革命烈士的履历，“多数是留日学生和显贵世族的子弟”（熊克武：《辛亥革命回忆录》，第

136 页：中华书局版，1961 年）。所以是否替老百姓说话，似应从人性人心观之，以阶级论反不中的。孟超先生长已矣，设若他地下有知，看到牧惠的《杀牛二是帮统治阶级的忙？》，不知他是懊悔还是痛切？或者再看《一九八四》那样的奇书，恐怕他的《英雄谱》一半要改写了。屠沽操刀以宰国政，衣冠涂炭，文物榛莽，其害难数，孟超并未看到这一点。

张恨水先生的文笔，低回缭绕，顿挫沉郁，千变万化之中，有忠厚，有沉痛，有感慨，而其意在笔先，颇多弦外之音，臻于沉郁之化境。诗之高格，亦在沉郁。恨水先生是以诗为文了。而他的分析，亦就人性复杂的广阔地带中展开，完全避免左翼作家人物论断二分法那种一览无余卡通化的毛病。全书用浅近文言写成，保持发扬了中文原有的特性与美质，雅洁精练，颇饶弹性。语言活跃正是思想活跃的表征。他凭着《水浒传》文本，以其惊人观察，剖析出人性经验的真相。其所拈出官僚子弟堕落之由（《高衙内》），承认白胜“盗亦有道”（《白胜》）；论李逵则许以“天真烂漫”四字，以为庶几无愧（《李逵》）；论西门庆则侧笔写出《水浒传》之为愤书的实质，剖析宋朝廷的失败之证，谓在朝廷有蔡京、高俅之流作恶，在市井有郑屠、西门庆之徒横行，在农村有毛太公、殷天锡之类跋扈，“几何而不令人上梁山哉？”（《西门庆》）；论潘金莲之淫恶，则认为一半由天性使然，亦承认一半由环境逼促，更论女色、婚姻、欲望对人心的傀儡般支配，直发人之所未发。其思考随机融化古今人事，笔触有力而意象层现，字句间处处敲着响亮的警钟。文笔有举重若轻之美，却全无避重就轻之感，以其分析处处顾及到人性震荡的自然法则。

牧惠先生是杂文大家。本来他的杂文写得开阖自如，娴熟已极，这本《歪批水浒》更是纵横妙境，游刃有余。其文章极尽曲折之妙，叫人确信，八股有法文章无法的铁则。他的《歪批》一书，精力饱满，放出异彩，如满庭春花，奇花异卉，各不相模。牧老半生革命，在广东从事游击战；半生著述，力作迭出。其间受"极左路线迫害"，搁笔十数年。他多年精研古典小说艺术思想，有牵一发浑身皆动之妙；尤其关于被辱最甚的知识分子命运考索，更有自己的独立思想熔铸其间。而那些念念不忘给人洗脑的惯家，所深惧者，正是思想的伟力。他就阮小五的《打鱼》诗"酷吏赃官都杀尽"，拈出贪官污吏与皇帝的关系，澄清人们历来模糊的认识。他根据水泊梁山一场游击战，引发强盗不可白做的讨论，得出官与贼、强盗三位一体的结论，看似在纠正金圣叹是书生之见，实则在给众生燃思想之灯。《斗虎易，斗人难》《王伦有王伦的理》《小心王婆洗脚水》……均正推反推，头绪多多而思绪纷纭，每每搔着社会人生的痒处；尤其对弥漫世间的荒谬症候，天罗地网的压力经验，随处有敏锐痛切的反弹。其标一义，创一例如，下笔放眼，渊然有若干观念现象流布眼前，宏识孤怀，饶有寄托。至如论王婆："王婆不愧是位惯家，每逢读到她边用手把砒霜捻成细末，边教潘金莲有关下毒的种种知识时，直觉得她就站在书上，手中捻着砒霜。"其生动、有力，富于感性，在当世文艺评论中难得一见，《歪批水浒》中，却所在多有。至于他的笔法，可借国术醉拳之醉，谓之醉笔，来释歪批的"歪"字，烘云托月，精妙反讽，最能传神阿睹。总之，其运笔之奇，联想之丰，洵为评论文中能极其妙而神其技者。

三位作家各有所长，随手一挥，皆成妙谛。其中，牧惠之作晚出四十年以上，张恨水未及见；孟超所未尝言的社会情状，被他一一纳入笔端，从容迤俪写出。其作亦犀利，亦蕴藉，大有寄托，读之使人神往。

恶骂成性

周扬骂何其芳是“剥削阶级遗留下来的一滴精虫”。见于唐弢主编之《现代文学史》的一则脚注。此骂于构词造句上可谓精细，也很可窥见左翼文人之间的无端仇视，无名的憎恶。

后来又有某青年作家之骂，说老作家的笔力不济的原因乃是：“精子数量减少，是锐减。”对此，老作家章明反驳道：“老作家精子数量自然少些，其中一部分当年可能就为了制造青年男作家而耗费掉了。”（《广东工商报》，2001 年 2 月 21 日）

这可真是典型的精神胜利法。把人还原成一滴精子来骂，若是偶发奇想，还算骂到人性的根子，因人性借精子以传；若是例行公事般注目这个小东西，则也适见其眼孔之小，别的都看不见。

男性作家骂战常见，女性作家亦然。《文学报》（2002 年 3 月）总第 1284 期刊出小说作者九丹的自白，自承其观点。她说：“王安忆、铁凝、陈染等人，乃一丘之貉。在作品中向人炫耀自己的乳房很美，皮肤很白。她们制造的都是一个个假女人，她们在把那个假的私处露给别人看。”

至于写《上海宝贝》那个，曾经说，她一看见德国球员情人，她的下面就湿润了。另一女作家针对此说，什么就湿了？你丫是漏斗啊？云云。

那些人往往把小说写得支离破碎，不成其为艺术，也有负文学的那个“文”字。但他们迫不及待来谈论他们的所谓观点的时候，因为要争夺地盘，倒反而露出那么一些不期然而然的文学性。抹下脸皮骂架，还有一点原始粗糙的真。艺术被伪文明肢解，文采为泡沫时代所销蚀，剩下的些微期待，就只有向后转了。

恶骂成性，最典型的要算杜鲁门了。那是麦克阿瑟举的例子。上世纪 50 年代初期，一个报纸评论员，著文讥嘲杜鲁门宝贝女儿的演唱会，谓之五音不全，不是音乐而是噪音。杜鲁门恼羞成怒，置当时的战事（朝鲜战争）于不顾。先是扬言要揍评论员，威胁他下班回家路上要遭黑打；稍后控制不住，竟然亲撰匿名信捎去一通恶骂。信上说：“我刚才读了你的下流卑鄙的评论，看起来你好像是一个一无所成的倒霉老头儿，你全身长着八个烂疮，干着四个烂疮的活，四个烂疮在抽搐……一个街头流浪儿，比起你来还是个上等人，你可以把这看做比骂你祖宗还厉害的侮辱。”（《麦克阿瑟回忆录》，304 页）

麦帅举的是删节版，他说原文比这些还要粗俗，不堪入目。谁说外国人不骂祖宗？杜鲁门提供了典型的例子。骂得刻毒、下流，当然也很形象——令人恶心。实在也是，杜鲁门就是这样一个恶心的人。

出恶声与两极研判

一

君子相争，不出恶声，但也难说。

20 世纪 90 年代的中国文学，文艺评论曾有骂人者，致惹出多起笔墨纠纷、法律诉讼的事件。实则其中有相当部分是大可不必闹至法庭的。在一定程度上，骂也是一种特殊的批评形式。笔墨官司，在笔墨范畴内解决足矣。

当年美国影片《珍珠港》上映，其战争场面攫人心魄，煞是好看。此片，乃电影史上最昂贵的巨作，耗资达一亿四千万美元。但美国也有人不买账，报纸评论说它是“好莱坞垃圾剧”，“是现实事件拙劣的滑稽模仿、纯粹的白痴行为”，“是谜，是香波和睾丸的合成”（《广州日报》）。这一通乱骂虽然也颇解颐，却也无啥道理。好多美国人也不以为意，自身强大雄厚，不怕骂，即令是刻毒的恶骂也只仿佛毛毛雨。其国人之间也常有恶骂、趣骂。五十年前，某大法官骂一议员，说是“一根剥了皮的香蕉也比你这家伙的脊梁更硬”。且不问它有无道理，却是传神到家。

上世纪 20 年代末期，郁达夫有感于时事的恶浊，不能有所作为。

当时青年的苦闷，难以正常宣泄，文艺界思想界也歧路多多，因此他骂道：“我们中国的新闻杂志界的人物，都同清水粪坑里的蛆虫一样，身体虽然肥胖得很，胸中学问全无，将外国书抄誊几张，便算博学了——人家说 kropokin 的屁是香的，他就说某某的排泄物是甘味儿的。有一位半通的先生说伦理学 logic 应该叫做‘老七’，他就说心理学该叫做‘老八’了。”(《郁达夫全集》) 同一个时期，他也骂日本人：“在日本，没有人民，没有国家、法律、思想，日本只有军部，和军部底下的许多毒蛇疯犬似的军人。”郁达夫笔下的骂辞，却正是不得已而为之，并非他喜欢骂人，而是非如此唾骂不足以说明问题。

另外，郁达夫还骂日本的某一类文人为“军阀的卵袋”，这和林白水骂北洋政府的总理潘复为张宗昌的“肾囊”，有异曲同工之妙。骂的功夫在艺文人事方面是必须必要的，试看莎士比亚剧作，其中有大段笑骂、怒骂、痛骂、暗骂——或简洁扼要，或酣畅淋漓。作为其作品的枝干或魂魄存在，设若将这些部分从剧作中抽去，则全篇必然减色不少，或竟至不能成立。

有清近三百年，桐城文章成“派”，后人捧之者说“天下文章其在桐城乎”！骂之者则谓“桐城谬种”，与“选学妖孽”并列。事过境迁，新问题又成堆，衡文论艺，最紧要的是辩证的眼光。

二

人之所以为人，其异于动物的地方，在于使用语言，会思想、能表达，而思想往往在辩驳中建立，真理也在辩驳中得显豁之效。

《汉书》，唐以前的人对它很是捧场，而郑樵《通志》却说“班固浮华之士，全无学术，专事剽窃”。初看到，让人大吃一惊。2001年5月11日的《参考消息》载阿根廷作家博尔赫斯论聂鲁达：“聂鲁达诗歌平庸，是我一生中所认识的水平最差的诗人。是时势使他暴得大名。”这与通常文学史的评价，是一个相反的两极。这又与盲人摸象不同。盲人摸象为器局所限，只得局部“观”感；而文艺鉴赏的观点迥异，越是全景切入，所得观感越加悬殊。这往往是因为各人先有一种世界观，所得的结论就像在“各自想拳经”。

关于杜慎卿、杜少卿兄弟，《儒林外史》三十一回总评卧评本认为“俱是豪华公子，然两人自是不同，慎卿纯是一团慷爽气，少卿却是一个呆串子”。而黄评本则针对此评，辩曰：“加慎卿慷爽二字大谬，加以呆字正合；少卿可谓呆矣，然纯是慷爽、其呆亦不可及。”二者所形成的看法，完全对立。类似最著者，是鲁迅的《魏晋风度与药及酒的关系》，一反陈说，以为嵇康、阮籍在态度上不信礼教，反对礼教，实则其本心，“恐怕倒是相信礼教，当做宝贝，比曹操、司马懿他们要迂执得多。”一般认为曹孟德是礼教的维护者，鲁迅说那是“所谓崇奉礼教，用以自利”。

这种两极研判，其高明处，在如国术家的推挡腾挪，产生一种契入人心的强烈动感，在观照思想交锋的过程中，大可获取享智慧、弃庸常的乐趣。

鲁迅、钱锺书讥国画之弊

鲁迅推崇第一流的写意画，以为真正传神的作品，寥寥几笔而神情毕肖(《五论文人相轻》)。但他对国画又颇有看法:“我们的绘画，从宋以来就盛行写意，两点是眼，不知是长是圆；一画是鸟，不知是鹰是燕。竞尚高简，变成空虚。”(《记苏联版画展览会》)

其实，鲁迅对宋元以来文人山水画的涵养，唐代佛画的灿烂，线画的空实明快皆极深寄意。他所瞧不起的，是明清以来国画界不长进的风气造成的浮靡和懒惰。这种风气所及影响，逐渐造成一种国画的末流，而引起观者的反感。

钱锺书先生对这种末流国画也颇加讥嘲。小说《猫》中写民国时期地方老名士,不懂透视,不会写生,今天画幅山水“仿大痴笔意”,明天画幅树石“曾见云林有此”，生意忙得不可开交。这位名士向他侄儿吹嘘，说是某银行经理求画中堂，要切银行，要口彩好，西洋画没办法，让瞧他画的。“画的是一棵荔枝树，结满了大大小小的荔枝,上面写道:一本万利。临罗两峰本”。老名士又说他的《幸福图》,以一株杏花，五只蝙蝠，来切幸福（杏蝠）。他侄儿听得目瞪口呆。

鲁迅、钱锺书皆以极高的天分，纵横贯通的艺术学养来审视国画艺术，目光如炬，诊出国画艺术病笃的危殆状态。

然而艺术的恶劣因素往往具有一种惰性传染之管道。浸延至今，这种国画末流还在流布。笔墨的庸俗，取景的低劣，构图的无趣，加以官僚的上下其手，恶俗作品常有淹没精雅艺术的趋势，就像劣币驱逐良币一样。当中又因了一些有权的好事者的加盟，此类恶俗作品更是印刷精美，到处铺开。艺术本来是安抚人心的，似此则以恶情劣趣消解艺术的作用。放任下去，艺术水准速降，大众的欣赏趣味也迭遭摧残，真乃一大悲剧也。

钱锺书遣词法小窥

文章讲究词汇，在鄙薄修辞者看来是窄门小道，割裂形式内容论者更不把遣词造句放在眼里。文学界此类物质而发为高论者甚火。实际上，古今一流作家无不重视辞藻的运用。因为辞藻的驱遣布设，词采的郁郁灿灿，乃是大家风范的一种表征，想象力的外射。

辞藻看似冷硬死物，而在大师的手里，它却是一片活棋，变幻万端，闪展腾挪，生机盎然，气息馥郁。有些境界固然要用白描，有些非辞藻不为工；因为辞藻往往是一种复合，借以表现意思，既可从片段看出完整，又还经济得力，并且醒豁。在文学中最能表现想象力的，无过于比喻，还有辞藻，因为词汇的蓄积和运用与思想的表达息息相关，更为有趣的一点是，词汇本身也往往是凝固了的比喻。如猴急、笔直、火红、胎衍、雪白……成语中更不胜枚举。钱锺书先生用文言写成的《谈艺录》《管锥编》博大宏深，技巧精湛而多变化，其用词法也运斤成风，心手相应，吐故纳新，着手成春，最可表明词汇的活力和生命力。《谈艺录》第七十五节论王安石改诗，指出王氏屡屡偷换袭用前人作品及其句式句意，钱先生的评论用词近义而不重复，联翩而来，剀切准确，令人叹为观止。未见论师道及，今特拈出如次：

他若《自遣》之“闭户欲推愁，愁终不肯去。底事春风来，留愁不肯住”，则“攻许愁城终不破，荡许愁城终不开。闭户欲推愁，愁终不肯去。深藏欲避愁，愁已知人处”之显形也。《径暖》则“一鸠鸣午寂，……”之变相也。《金山会宿》则“天末楼台横北固……”之放大也。《钟山即事》之“茅檐相对坐终日，一鸟不鸣山更幽”，《老树》七古亦有“古诗鸟鸣山更幽，我意不若鸣声收”之句，则“蝉噪林逾静，鸟鸣山更幽”之翻案也。《闲居》之“细数落花因坐久，缓寻芳草得归迟”，则“兴阑啼鸟换，坐久落花多”之引申也。五律《怀古》、七律《岁晚怀古》则渊明《归去来辞》等之捃华也。《即事》则太白《月下独酌》之摹本也。《定林院》：“因脱水边履，就敷岩上衾。但留云对宿，仍值月相寻”，则右丞《终南别业》：“行到水穷处，坐看云起时”之背临也……

以下指出王安石偷换巧取他看中的前人作品，还用力仿制、应声、效颦、渔猎、生吞活剥、挪移采折等词汇，活画拗相公官场文坛争强好胜的性格。无论他怎样巧取豪夺、改头换面都未能逃过钱先生的法眼。

钱先生行文精深博丽，蓊郁多姿，成就之高，登峰造极。中国的老舍、英国的狄更斯，都有语言大师之谓。但他们的独到之处是在运用平民通俗的语言，有非凡的表现。钱先生的著作尤其是《谈艺录》《管锥编》则以深厚精微的书面语言，上引王安石改诗一节所用十数个近义词，有的放矢，箭无虚发，使拗相公的装扮掩饰无可遁逸。尝见《中国文化报》1994 年 7 月，载文学青年二三子谈钱锺书，一人乃谓《谈艺录》《管锥编》如以白话写作，成就会更高。此种见识只仿佛盲人摸象，直可喷饭。实际上文言是中国人内心的东西，文言辞藻所蕴涵的文化积累和文采光芒，不可丈量，难以方物。钱先生的文言文字出神入化，创造更新，达意宏深，出乎天然，句意双美，仿佛接竹引泉，潺湲之声不绝于耳。这和他并不忽视辞藻“小道”有相当关系。似乎可以说，能够领会钱氏文言辞藻之美，方算得贴近其作品精神之门墙。

钱锺书与读书笔记

杨绛先生曾撰文披露，钱锺书先生年轻时在牛津大学求学期间，养成做读书笔记的习惯，以后迄未间断；后回国，历经战火、流离、动荡，仍在不断地积累中，在“铁箱、木箱、纸箱，以至麻袋、枕套里进进出出”。除成书的著作以外，这些笔记有多少呢？据杨先生文章，可知：第一类，外文笔记，包括英、法、德、意、西班牙、拉丁文等文种，内容包罗万象，此类笔记一百七十八册，共三万四千多页。第二类，中文笔记，也有三万多页，与第一类相等。第三类为日札即读书心得，二十三册，两千多页，分为八百零二则。

商务印书馆已将钱先生的全部笔记手稿扫描制版，影印出版，书名为《钱锺书手稿集》。这些笔记，加上钱先生的其他业已多次重版的各类名著，其质与量，就个体的创造力而言，是何等浩瀚磅礴的超常功夫，是何等郁积万仞的思想伟力！

钱先生的著作，是对文明史及人类文化的修缮、质疑、显影、解构，更有对其所经历的现时代本质的解剖和透析。在先生的作品中，诸如求是循实的作风，民主主义的理念，关心民瘼的情怀，启蒙思想的探求，人性本原的辩证，都创见极富。

海外汉学界无不承认钱锺书先生为文化超人，其意有二：一谓先生成就之高；一谓先生智力超常。早几年，杨绛先生的回忆文章曾谈到钱先生留学归来，因在国外大图书馆手不释卷，如老饕般苦读思索，曾留下头疼的病根，为此近一年时间不能观书。而钱先生20世纪70年代初从干校回到北京，首先就是清理装满几个麻袋的大量笔记本，那是钱先生大半生心血的凝聚。这些笔记本，内容就是如今杨先生披露的中外文笔记及读书心得。由此可知，钱先生不但智力超绝，同时更付出了常人几乎不可想象的巨量艰辛劳作。

钱锺书先生以辩证唯物论为神髓，对文明史所涉古今中外的考量比勘，不是某个侧面也不是某个问题、某条路径的打通解决，而是囊括时间与空间的全盘打通。其循环畅达，有如作为小宇宙的人体身上的血脉一样，自成体系，精深详博。钱先生后半世的治学所达到的天马行空、纵横捭阖的自由境界、投鞭断流神而明之的自在天地，缘于雄厚基础工作为底蕴。这种国术家“站桩”般的基本功贯穿他的一生。基本功与其睿智融通一而二、二而一，相互作用，还原分蘖，最终达成得之则如脱弹丸，失之则如撼大树的强盛机势，辩证联类，一意方过二意又发，二意方过三意又发，变化无穷，纵横莫测。观其刊行的巨量笔记手稿可窥一斑。

“汝准是发了疯矣”

林纾译外国文学多家、一百余种，其中之一家为哈葛德；但钱锺书先生说，他宁愿读林译，而不欲读哈氏原文，因为“颇难忍受原作的文字”。据钱先生说，哈氏的文字，是那种古英文和现代英文的杂糅，而又极不讲究，也即谓不是善性融汇而是恶性杂凑。林译中有一句是“乃以恶声斥洛巴革曰：汝何为恶作剧？尔非癫当不如是”。钱先生说这是很利落、很明快轻爽的文言。钱先生又引哈氏原文，谓其不通不顺、疙疙瘩瘩有如中文里面说：“汝干这种疯狂的把戏，于意云何？汝准是发了疯矣。”

这种句子，让人读了颇觉滑稽突梯，不禁哑然失笑。钱先生灵心善譬，使不通英文者，也能大抵体会哈氏文字的呆板滞重。窃以为文章之文句自有一种美的条理、美的规律。当中包含学养、智慧及美感认知的天性，还有长久研习培养出来的高度经验，不是率尔操觚者所能解会。林纾穷其毕生精力，为近世文章大家。他甚至瞧不起严复的文章和译文。他对文字、语言组成文句体悟极深，然而可叹的是水流花谢，今天的语文水准抛锚、减产，造成文章、译文不忍卒读的局面。市面上大量推出的新译文，素养贫瘠，却敢硬来硬干，霸王硬上弓，因此多的是那种“汝准是发了疯矣”的怪味中文。如今人译哈耶克名著《奴役之路》第一章有谓“当文明的进程发生了一个出人意料的转折时，即当我们将其与往昔野蛮时代联想在一起的种种邪恶的威胁时，我们自然要怨天尤人而不自责”。这种严重梗阻消化不良的句子贯穿这部译文，什么叫“受到我们将其与……”，“转折时”、“威胁时”究竟什么“时”？读之仿佛走在荒草丛生、荆棘牵绊的小路上，不特满心不快，还大大影响阅读效果。哈耶克是1974年诺贝尔经济学奖得主，用这样的译文来唐突他，等于将他打折出售；原文的思想表达，也因此大打折扣。与此类木乃伊似的文字相纠缠，陡然令人生发那译手“汝准是发了疯矣”的感觉。其实就这一句而言，精通的译文应该是“当文明进程意外转折，即其脱离预想的轨道，令人联想到野蛮时代卷土重来之际，我们的怨尤要多于自责”。

古希腊人以为，美是神的语言。他们找到了一条数学证据，宣称黄金分割是上帝的尺寸。几何学天才欧几里德更进一步：他发现大自然美丽的奥妙在于巧妙和谐的数学比例大多接近1：1.618。

伦敦西敏寺、巴黎圣母院，说明建筑物如是，现代演员费雯丽、奥黛丽·赫本说明美人儿如是，都在冥冥中遵从黄金分割这一美的规律。其图像作用于视觉，迅速为人脑吸纳认可，深心铭感。文章也可说是一种纸上的文字建筑，前辈译家，如林纾、蔡元培、马君武、周瘦鹃、伍光建、梁实秋……其笔下文字，或晓畅清爽，或雄深雅健，或生动妥帖，总之是文采斐然，举重若轻。文字的色泽、组织调遣，以及轻重缓急自有一种天然的巧妙和谐，暗地里符合数学证据。那是作用于心灵的“黄金分割”。与前辈的智慧、文采、美感永相伴，长相依，那才端的是精神上的“持久自由行动”——浸润满身的文采思想，享受纵横驰骋之乐。

契诃夫的情景妙语

在个人读书经历中，我越来越觉得契诃夫对我来说不仅是一种境界，而且更是一种深刻的癖好。托尔斯泰在读过他的《宝贝儿》后，曾经掩卷长叹，认为再也没有一个人能写得这样好，再无人能写出这样的语言！托翁的赞叹是由衷的，那是巨匠对巨匠的理解，是两种智慧的渊然融汇。

大抵说来，第一流的小说家都不太善于讲故事，即不仅仅依靠情节来作为自己的擅长和手段。故事在他们那里，只是一个花架而已，借以支撑满架生机盎然的蓊郁。契诃夫是一个讲故事的圣手，但他绝不只以故事作为他小说的依赖。他的小说我们读了每每有惘惘依依的感觉，实在是因为其情绪的漾动、思想的魅力以及字里行间深刻埋伏着的意趣。而这些在很大程度上又体现在其小说的妙语中。这种妙语在文章中甚至体现在行文气势的语句安排上，这同时也成为契诃夫小说的个人风格方面不可替代的显著特征。这种妙语尚与警句格言有所不同，这是小说情景、性格、场面、格调、意境等方面的一个有机的动体，一个活泼泼的精灵。人物事理的姿态，也就是精神，往往在此时愈显精彩，仿佛蓊郁的涧壑陡见一枝殷红，仿佛闪烁的星群划过一道亮光。

契诃夫善于在陈述句后点染生动的一笔，他写一个人的声音很低，接曰：“仿佛生怕打破了夜晚的沉寂”；写一个人冗长的讲话不知何时才能到头：“那份郁闷，哪怕有几百俄里长的荒凉单调和烧光的草原，也比不上”；写沉重的怨恨：“像一个冰凉的小锤子那样捣他的心”。妙句之妙在有情趣，以活泼的比喻句法、生动的物景凸显抽象的观念，实在就具有很大的艺术空间，而又绝不忽略细小处，这正是大艺术家的非凡本领和本色。

写作的本质的乐趣，很大成分上在于写作的方式与技法当中——精确，新异。伟大的作家在自享的同时便度过愉快的时光。契诃夫的独特魅力很明晰地表现在他善于将他忧患漠漠的心境，对人类终极生存意义的关怀，把他的善良、敏感、深思、愁绪，转换成为非他莫属的特异的文学语言，并渗透到小说的各个细微部分。这一点，在他的小说的妙句部分表现得最为明显。刘勰说“取类不常”，钱锺书先生说“愈能使不类为类，愈见诗人心手之妙”。契诃夫小说正具有这特点，“夜晚的宁静，没有一点声响来搅扰，时间仿佛站住，跟医生一块儿呆呆看书”，“所有那九种职务彼此相像，就跟这滴水和那滴水相像一样”，都堪称神来之笔。契诃夫写一个女角的愤慨，是“心头积满水锈”，真是随意点染，皆成妙趣，入木三分，力透纸背。

读他的作品，心头总充斥着什么，激动而难以平静，有时事件几乎是无关紧要的，迷人的是他对这一切的叙述，但只心眼移步，就闪现晶亮的珍珠，幽默风趣而又十分沉重——关于生活的意义啦、贫富和爱憎啦、信仰和庸俗啦，随他的文笔带来的惘惘依依的思考，这就是替艰难时世勾勒了一幅笑意漾动的苦脸的人道作家魅力。

在当代文坛数以千计文学杂志中，水分太多的小说正谓不少。每读此等小说，深感其急待充血的必要，该充血的部分往往不是结构不是情节不是故事的展开，而是精彩的妙句——充斥在妙句中的思想、思虑以及由此凸显的人物的姿态，也就是精神。此等细小处却正有着思想的神髓在，可惜每每为人所忽略，真是莫大的悲哀。在这方面，契诃夫小说是一剂对症的良药，妙趣横生耐人寻味的想象，令人折服的渊博，心智的灵光以及由此产生的丰厚的机智，有多么沉重的分量啊！

艺术的生命与活力，也正在这传神写照中！

民国篆刻说略

篆刻和书法一样，虽然都是因字写意，但刀、石的坚硬与纸、笔的柔软究系两事。起刀驻刃之间，更犹豫不得。就性质而言，是遗憾的艺术之尤。

民国几十年间，艺人辈出，篆刻家也如星汉灿烂。艺术都有移情作用，观印文字体，或瘦硬有神，或圆融洁净，或流畅自然，或春花袅娜，凝神注目，仿佛可以感到铁刀起驻，用力一冲的气机风致。想着这个过程，不禁动起感情来，那清冷的寂境也不觉其寂了。这个时期的篆刻艺术于古人是一个总结，却也在寻找发展的种种端绪。其所作固然是他们所乐于从事的工作，但更是以其创作才华，透过刀、石去表达个人之民族忧伤。

闲章虽著一闲字，而最能表明艺人心迹的，也就数它。古来闲章，虽然冷凝成一古物，它的内容力量却能无限放大扩展。民国刻家，对此也真是情有独钟。经子渊“天下几人画古松”印风得汉碑的大气古厚，似见墨沈淋漓。吴昌硕“泰山残石楼”于古奥残损中见完整，齐白石“见贤思齐”大气磅礴，东西映带，交换垂缩，如长河落日，有一种戢翼长征、浩然不顾的神气在里头。黄宾虹“黄山山中人”则有老衲燕坐的静穆。李叔同“烟寺晚钟”则让人领会生命的流逝，仿佛和那烟岚钟声的飘忽是一物的两面，观其刀法的从容浑穆不禁惕然有思。至于运笔的方法，又自出匠心，长铗短剑，春花秋月，各个弄姿无限，俾抒素志。马一浮“廓然无圣”刀法稳健而多用修饰，每一画成，必下数刀，有月白风清之态，与齐白石的“我刻印同写字一样，下笔不重描。刻印，一刀下去，决不回刀”，取径万殊，而意趣也各异。

民国时期，社会动荡，风雨鸡鸣，知识分子艺术家如幕燕釜鱼，每多流离转徙。抗战全面爆发不久，华北大片土地沦陷，寓居北平的齐白石贴出告示：“白石老人心病复发，停止见客。”其决不腆颜事敌的风骨也熔铸在刀笔纸墨之间。潘天寿抗战后为《治印丛谈》写的弁言尝谓“八月，敌人无条件投降，举国狂欢，史无前有，是篇可为寿私人抗战胜利之纪念品也”。国事蜩螗，艺术既成为人心的补偿，却也无一处不熏染时代的风雨气息。虽然时局动荡，艺术却极大发展，一方面聊避虎狼之害，一方面也是言志所需。到20世纪60年代，“四凶”横行，艺术家惨遭灭顶之灾，作品投之炉火，用为炊事之薪，文士心血，化为一缕青烟，那才真正令人扼腕。

民国篆刻家中，其人往往兼有作家、画家、书法家、学者等各种身份，其大家如吴昌硕、齐白石、黄宾虹、经子渊、李叔同、马一浮、乔大壮、郁达夫、邓散木、丰子恺、瞿秋白、闻一多、张大千……而遭际最惨，要数乔大壮。他深谙法国文学及中国古籍，治学旁征博引，无不如臂使指；金石碑刻之学，更是冥追神悟，造乎其微，其智慧与艺术手腕，一时无两。40年代后期，因秉性耿介，哀时抚事，内心痛苦达于极点，终于在1948年7月初，风雨交加之夕，自沉于苏州城边梅村桥下滔滔波中。他之所刻：“物外真游”、“帘卷西风”、“十年磨剑”，用刀诡谲，收缩穿插间疾涩并举，可谓新意迭出，罕有其匹。邓散木的“忍死须臾”，郁达夫的“我画本无法”，在构架心思上都有这种特点。

天生骨头太硬，弯不下腰去，亦不能披剃入山，这样的心迹，熔铸在印文的转折行进缺落中，好像心中之曲化成了凝固的乐谱，别有一种苍凉凄楚。拿想象来补充现实，其丰神、其古意，要不外以血泪凝成一方方心灵结晶品。治印，虽看似冷硬，而艺家的精力慧心，其不付诸流水或与荒烟蔓草同归朽没者，亦端赖于此。艺术在过去的时代，实在是知识分子无路可走而寻求寄托的无量法宝。修身齐家治国的道理，都在里面；人生种种尴尬悲酸，又何独不然？20世纪40年代闻一多居昆明，虽然说刻印卖钱，而一种感慨悲歌的怀抱，也毕竟掩藏不住，无限回思之余，仿佛也就听得见闻氏奏刀的遗响悲风，顿挫疾涩之间，也就透着他的良苦用心呢！

译文水准之我观

外国文学的出版看似争奇斗艳，书架上也是花花绿绿，缭乱人眼，不知者，颇为其所吓倒。其实，据许钧教授指出，今之译文出版市场，旧译本中稍有价值者，几乎无一幸免被剽窃、抄袭或假冒。鼠窃狗偷者有之，公共抄袭者有之，非法盗印者有之。本来属文化积累、借鉴交流之大事，反而弄得邋邋遢遢，硬拼乱凑，浊流横溢，究算甚事。

除去抄袭与假冒，尚有一个不堪的问题即是所谓重译。《红与黑》新译本竟达八成以上。然而，除了哄取懵懂读者的阿堵物以外，其译文风格、推陈出新是完全谈不上的。有时，我们会很厌烦某些备受推崇的世界名著，原因就出在译本那里。

这就涉及译文的质量问题。老一代译家，若严复、林纾、鲁迅、周作人、包天笑、郑振铎、周瘦鹃、周桂笙、伍光建、梁实秋、朱生豪……以及稍后的傅雷、汝龙，他们的译文，或善性欧化或半欧化，或典雅，或浪漫，或稳妥，或轻健，或者把今人早丢到茅厕里的旧文典，如盐化水般浑然无迹地插在译文里用，真实、雅驯之外，其译文尚不时有“撒野”的功力，游刃有余，占尽风流。读者除了叹服以外，更觉得无尽的熨帖、俏皮、激赏。如今看这些旧译本，也就是鲁殿灵光了。说一句无奈的话，自老一代千秋万岁后，恐怕是广陵散绝了！

今日之译本，即便是那些略微像样的，也还是笔下揪扯不清。因为所谓青年翻译家，对外文虽号称精通，不过是长于口语及日用会话，翻译起文学作品来，仍然和词典辗转纠缠。至于其国文水平，更是一知半解，词汇既贫乏到蕞尔之微，则译文组成句子，简直毫无感觉。人家本来精彩的原文，被他拆得七零八落。通篇给人的印象是在没话找话，扯谈、梦呓；逻辑思想，前后歧出。看到头涨，也还是不得要领。绕来绕去，中文在他笔下就是不听话。如谓“那些绘画作品即使在它们并没有诱惑我们去进行那种产生众多夭折的怪物的崇高努力时，也是非常令人愉快的”“于是受了她的牺牲品的欺骗的生活就没管他们而继续跌跌绊绊地往前走了”（《伍尔芙随笔集》：海天出版社）。其夹缠、臃肿、平庸，伍尔芙起于地下问之，她不痛恨中文才怪呢——假使她以为所有的中文都如此面目可憎的话。而比这丑陋十倍的译文在种种新译本中俯拾即是。新译初起，观者心动，冀盼比梁实秋更梁实秋，比朱生豪更朱生豪的译家出现。今新译已成泛滥之势，却只有出版界有识之士急呼打假！

近代名宿汪康年的朋友陈寿彭给他写信谈译本：“中国文理果佳者，弟愿为之总校。亦不患其所译之附会荒谬，非然者，虽译出为中国字，其文理与西方相去无几，校无可校，改之与重译同。岂不更多一赘疣哉。”（《汪康年师友书札》，第 2030 页）他们那一代智识者，特别注重区分中国文理的佳胜与窳败。若下笔佶屈聱牙，或茫然无理董，如老米煮饭，捏不成团，皆为其所深恶而不取。可以说，重译就是比文笔灵气，因为原著不变，思想、内容已成事实摆在那里，无须词费。19 世纪中叶上海墨海书馆的传教士尝拟庞大计划，暂将圣经新旧约全书译为平实流畅的中文。虽然他们的口语水平甚至不低于中国人，但事行未几，即感捉襟见肘，不得已，求助于名作家王韬，欲借重他深厚的国学功底。王韬看了他们“拘文牵义”的中文，说是“即使仲尼复生，亦不能加以笔削”（《韬园尺牍》，卷二）。恐怕只有美化的文行，才能真正把深异的思想恰如其分地传达出来。

没有翻译的经验，不知母语之可贵。而新译家率尔操觚，却全不知珍重母语。实则语言洵为最基本的文化现象，译者的文化积累起丰厚，其笔下文字也就更耐咀嚼。今人之语言在前人基础上形成，可谓无一字无来历，靠字典词典帮忙，拿口水话来糊弄读者，那只能是永远站在文学情境之外的门外汉。

浩然思钱公

20世纪70年代初期恶劣环境中，国庆节到了，钱锺书先生受邀参加国宴。他称病不去，江青特委派人来请，“此人又来替江青做说客；江青同志特地准备了一辆小汽车，来接锺书同志、杨绛同志去游园。钱先生说，我国宴都没有去，此人说，锺书同志不能去，杨绛同志可以去嘛！杨先生推辞说，我要照顾病人，我还要做饭。”事见《南方周末》（2000年2月18日）钱碧湘文章《杨绛先生二三事》。现在的中年人，稍加回忆，都可晓得，二十多年前，江青，怎样可怕的一个名字。江青“垂顾”、江青派人来特邀，妈呀！那还了得嘛！江女皇的圣旨、气焰，那是闹着玩的吗？多少人艳羡不已，甘言媚词，做妇人状，摇尾乞怜，求之不得，可是“欲往从之湘水深”，多少人对她怃然有惧色，那真是“八公山上，草木皆类人形”。然而，钱锺书表面婉拒，实是坚拒，也可说是得罪了她，但钱先生全无惧色。高不可攀的江上皇破题儿头一遭给轻视、冷落，此时无声胜有声，这是何等的胆力魂魄！

今乃有陋儒以为钱锺书乃一醉入故纸不问世事的书生，真痴人说梦也。在道义骨气与夤缘攀附之间，钱先生堂堂正正，作出公开选择，而将随时可能降临的专制者的严酷手段置之度外。在刀锯迫视之下，产生出来的不是恐惧，更不是机会来临依草附木的窃喜，而是磊磊落落孤松傲雪的勇气，即基础雄厚的人格力量。

在全国的思想清剿所出现的大伪风气里，钱先生卓然独立。顾亭林《精卫》诗谓“长将一片心，衔木到终古”，又说“君不见西山衔木众鸟多，鹊去燕来自成窠”，同在西山衔木，鹊燕唧唧喳喳，窝里恶斗，独有精卫，万里飞至东海，旨趣迥殊。

近见上海三联新编《钱锺书研究集刊》，扉页引莎士比亚《哈姆雷特》台词赠钱先生：

> he was a man ,take him for all in all ,
> I shall not look upon his like again .
> (他是一个堂堂男子汉，整个儿说来
> 我再也见不到像他这样的人了。)

这是真正善养浩然之气者。“浩然”二字，不是什么人都可用做笔名的。钱先生，他朴茂渊懿、不动声色的伟岸胸襟里，蕴有“刑天”的“猛志”。

创造——美的新生

任何一种艺术形式，如果没有创劈新境的大手笔出现，那就是这种艺术的悲哀。在书法界，近年来流行书风的集团效应，应该说为时代提气。在书法创新的创造者中，洪厚甜先生，是一员指挥裕如的骁将。他那硕大的头颅里面，潜藏着的是美的创造和新生。他的一番破土而出的功夫，实在令人叹为观止。

很难用《二十四诗品》的分类法来为他落实一种美学形态。他的美学观念，是综合深邃的，而不能被一种形式套牢。其笔画形态或破隶而出，或变柔为刚，或化藏为露，或化圆为方，既洒脱放逸，却也精美谨严；既行云流水，却也斩钉截铁；既雄强角出，却也圆转浑融……端的是气象恢弘，生机无限。

书法线条，蔡邕认为“唯笔软而奇怪生焉”，实际在厚甜的创造中，可谓“软硬兼施”。他整体的控制能力，令线条藏骨抱筋，含文包质。质感丰富异常，锥画沙的朴茂，折钗股的浑成，屋漏痕的生涩……体现出一种由运行连续的点之间形成的外在膨胀力，即张力。线条粗细、刚柔、光线、转侧的不同发生微妙的视觉变化。清吴先声在《敦好堂论印》中道：“白文任刀自行，不可求美观，须时露颜平原折钗股、屋漏痕之意……”这在流行书风中，成了基本而又非基本的东西。

怎样来形容他的书法创造的境界呢？笔者以为，在他的艺术境界里头，大有德先生和赛先生的意味，也即是说他的线条是民主的线条，是自由的线条。作为一种制度，民主的构架是权力的制衡，采取普选、监督、辩论、协商等合理的手段，以及权力制衡的最佳形式。如何以损失最小的方式达到目的。厚甜的创造,其最大的成功，乃在于，他令复杂的线条，达到了制度的民主的高度和谐。线条经其提炼加工，在其运动构架的过程中，使人产生多元的感受和丰赡的联想，其挪让、奇正、大小、缓急、险笔与拗救，锋芒的外露与内敛……严整中求变化，缜密中见疏朗，均达到随心所欲、出神入化的地步，与先进制度的妥帖如出一辙，确为按照生命存在运动所体现的规律赋物造型的典范。

通常说来，病态的书法有的一塌糊涂，有的是略有可取，其致病的根由，就在于线条的专制。其实字体的结构，在本质上不能有主奴之分。病态的书法，乃在其造成了事实上的主奴关系，形成专制和僵死。也就是说，其间架结构是乱套的，是没有形成制度的，有时当然也就没有德先生和赛先生的气息。

字体结构控制力，在厚甜的智慧处理中，以综合美术效果的面目出现，也即他的作品的视觉化，不仅是形态样式上的翻新，也不仅是字象上的夸张变形，更是审美观的本质上的改弦更张，从而为灵魂与生命找到全新的寄托。

创造性的泛览博取众长。高古、沉雄、飘逸、遒丽等美的范畴，统而摄之，综合而运用之，怪奇与矩度天然妥帖地融会之。半是工力半是天成，工力垫底，面目天成。虽云自由发挥，却也非此莫属。

他探索的前瞻性表现他头脑的敏锐，而他践行的力度又表明他创造的深邃。

刻刀下的自由魂

偶尔才有这样的机会，摈却俗务，躲进小楼，把刀弄石，胸中逸气渐生；刀石冲突与转圜之间，阡陌纵横滋生出另一个世界。诸魔羁控的种种杂念，暂时竟也扫叶都尽。

把玩刀石之余，醉倒在闲章的境界中。大抵印章艺术，自书画中半脱离出来，至清代陡起一峰，蔚为大观。《飞鸿堂印谱》即为闲章艺术之集大成，数十巨帙，透过一座座新奇而考究的印文，恍惚可见纷红骇绿、山赤涧碧，思绪逸出，邈邈难收。

读这些印文，大有抚创安神励志止痛之效。其文不外言志、感慨、情景诸类，然大率句句都是不羁之态，刀刀都是自由之魂。且看——“不贪为宝”、“志在高山流水”、“林深远俗情”、“宦途吾倦矣”，其言志的心魂，岂非醉翁之意，在乎刀石之间吗？再一类——“忍把韶光轻弃”、“知命故不忧”、“满眼是相思”、“待五百年后人论定”，感慨之深郁岂不是埋忧冲刀之顷，挥之不去吗？而又一类——“只有看山不厌”、“积书盈房”、“松窗明月梦梅花”、“眷恋良辰美景，流连朗月清风”，在下刀的腠理和石纹的肌理中，这样的情与景，似乎顿得放大、落实。大自然的无边风月，在有限的方寸之间，似乎顿获无限之效了。

近人王菊昆以为，印之大小，划之疏密，挪让取巧，俯仰向背，各有一定之理，但也不完全一定。关键在“字与字相依顾而有情，一气贯穿而不悖”。此诚卓见也。治印大家邓散木则谓：“刀法有成理者，有不成理者，而施之以用，则需因时制宜。”两大家心眼机杼同一。仅翻阅卷帙浩繁的《飞鸿堂印谱》而言，千人千种刀法，或冲波逆折，或六龙回日，或蛇行明灭，或磅礴正大，或幽花自赏，或断涧寒流，刀法本身也各成一种诗料，自然茂美。这是古人在混沌的大自然中为吾侪创造的一个小乾坤，一个艺术家心灵中的小乾坤。

不管治印者外表看似如何枯寂，生活如何单调、牵萝补屋，寒蛩不住鸣，但其推刀冲决之际，其中蜿蜒寄托携带的，却正是一种破网求出的自由精神。摘句本来是传统文艺鉴赏的老路，摘句于旧诗古文经传释辞；但治印因工具所限，一般而言，比摘录段落或完整之句要为节省。单位石头的面积容量既远逊于纸张，而推刀难度也较大于笔墨的措置。这样情况下落实到石面上的印文自然带有一种厚度、深度、力度，所得想象力的溺爱似也多出几分。凝神注目，缭绕直到心绪的灯火阑珊处，玄想幻化，只觉末韵纡转盘旋，久之不绝。往昔诗文，时人作品，所截出的一句半句，甚至只言片语，在石上落实，放大再放大，语句的内在容量很容易像鲁迅在厦门眺望夜色的时分，一沉再沉，“加药、加酒、加香”，其辐射力，自然是老柴般经烧常在。

我喜欢这样的句子：葫芦一笑其乐也天。竹杖芒鞋。搔首对西风。君子和而不同。志士过时有余香。闲多反觉白云忙。凡物有生皆有灭，此身非幻亦非真。人生聚散信如浮云。庾郎从此愁多。让人非我弱。

每爱奇书手自抄。蜗牛角上争何事。不开口笑是痴人。挑灯看剑泪痕深。

就情景的状态而言，这些截句印文确如卡夫卡所说，“地洞的最大优点是阴凉宁静。”（《外国现代派作品选》）幽花杂卉，乱石丛篁，摇曳于穷乡绝壑、篱落水边，仿佛一颗百年孤寂的心灵，虽然看去并非激荡的热血，心中却始终洋溢着人间的关爱。细味其精神趋向，却无处不是想象力稀薄处的逆动，是草枯霜冷时分的“芭蕉叶大栀子肥”，是于无声处有激烈，是无形精神枷锁限定桎梏的冲决、超越，是自由精神的翱翔，有情有趣，有胆识，更有大悲悯，这才是刀中乾坤、石上世界的真意义。

中国旧时文人，无论帝制社会怎样地无情寡恩，但林苑寺庙、山庄别业的存在，到底网开一面，提供一种身心的庇护所，思想自由，多少还有表达的余裕；刻刀笃笃，仿佛打开层层枷锁和规限，寄意深深，自娱娱人，自成一统。而由专制到极权的严酷时代，则山庄林苑，悉数扫荡，秦火焰烈，谎言涂抹之下，其实是一丝不挂的流氓政治，“为人进出的门，紧锁着”（叶挺句），艺士文人，避无可避，以致自由精神丧失殆尽，空疏萧寂，门可罗雀，艺术泯灭，人皆如行尸走肉。事迹本不光明，假慈悲为因果，地狱之设，正为此辈。然而，即使在这样的时分，包含孤胆与柔情的自由思想也在严霜之下艰难寻求生长与出路。近见媒体披露，1973 年冬，新华社记者刘回年先生写给王洪文的辞呈，大为感佩。其时王氏任中央副主席，气焰熏天，选刘为秘书，馋杀几多依草附木者；然而刘回年却一拖再拖，最后上辞呈云：“首长好，任秘书我深感荣幸，考虑到首长处工作，事关重大，要求高，本人从学校出来后一直当记者，自由主义惯了，不严谨，恐难以适应……”潜台词是不想干，不来干。这其中，也正包含着“若为自由故，二者皆可抛”的真意。石在，火种不灭，此番辞呈，真堪刻成一方大闲章，刀法要率性而充溢浩然之气，印边要连贯而时见缺落，边款可泐曰：“自由主义惯，伟哉刘回年。”他迫于无奈，无奈中偶一挥洒，到底挽住了自由的础石。

印章面积有限，但它的内在质地，也正是这样一种人类追求自由的普遍精神价值啊！

书法妙喻之别笺

《太平御览·艺部》引前人譬喻状拟名家书法体势，具象可感；准确传神之外，别有一番风韵一番自在。激赏之余，为之笺证，非注释其出处来历。以古今杂书与之冥契道妙者为之再进一解，故谓之别笺。

“王右军书如谢家子弟，纵复不端正者，爽爽有一种风气”——东晋谢家子弟，身着乌衣，世称乌衣郎。以乌衣的整肃大气来烘托俊逸闲雅的精神情态。辛弃疾词《沁园春》亦以谢家子弟形容山态：“似谢家子弟，衣冠磊落。”《新唐书·选举志下》谓择人之法有四：“一曰身，体貌丰伟；二曰言，言辞辩正；三曰书，楷法遒美……”若此似可见字知人了。

“王子敬书如河洛间少年，虽皆荒悦，而举止蹉跎，殊不可耐”——唐代李廓诗《长安少年行》“追逐轻薄伴，闲游不着绯……青楼无昼夜，歌舞歇时稀”，即为这类少年写照。此言其书风行笔优柔寡断，匮于弹力而精神不振。以李廓诗证之，则其疲沓处，可跃然纸上。

“华欣书如大家婢为夫人，虽处其位，而举止羞涩，终不似真”——大家婢欲为夫人而未为夫人者，如《红楼梦》中袭人，多造作之态，每惹人厌。言其书艺虽有名而未能进窥堂奥也。唐卢纶诗“舞态兼残醉，歌声似带羞。今朝纵见也，只未解人愁”，以其不似真，而未能解愁，固矣。

“袁山松书如深山道士，见人便欲退缩”——此言其行笔多收敛而乏弹放。《徐霞客游记》卷一:“攀绝磴三里，趋白云庵，人空庵圮，一道人在草莽中，见客至，望望然而去。”道人清隐，与外界人事隔膜悬殊，故见陌生人事，避之唯恐不及，这和武陵人误入桃花源“村中闻有此人，咸来问讯……设酒，杀鸡作食”恰好相反。袁氏书法之乏力，于此喻大可想见。其与活泼飞动之书风，自成两种极端也。

“萧子云书如春初望山林，花无处不发”——此言其书风烂漫多姿，如山花映发，攒峦耸翠，涉目成赏。如杜少陵诗“黄四娘家花满蹊”，如明人甘瑾“莺燕东风处处花”，声色移人，仿佛于墨韵中见之，难免“迷花倚石忽已暝”（李白）。似幻实真似奇实确，艺术里面满是梦啊！

“崔子玉书如危峰阻日，孤松一披，有绝望之意”——如《水经注》所谓“两岸杰秀，壁立亏天”，“回峙相望，孤影若浮”。自然造化之中，无所不有。姜白石论书法以为首须人品要高，人品书品实一而二，二而一。但书品又与心情关涉颇深，世事如波上舟，且日居苦境，即云霞满纸，能不慨然绝望？

“皇象书如歌声绕梁，琴人舍挥”——此言其意到笔到，笔不到意亦到，意韵迂转盘旋，笔势之外，尚有袅袅不绝之想。如钱起“曲终人不见，江上数峰青”是也；如白居易“弦凝指咽声停处，别有深情一万重”是也。此喻系视听通感，转喻其难言之风神。

“孟光禄书如崩山绝崖，人见可畏”——唐岑文本《飞白云书》

谓“拂素起龙鱼,风举崩云绝”,此喻是说他的书法有弹力,飞动惊炸,内力弥满;但也可能用力过度,矫枉过正,故“人见可畏”。

“薄绍之书字势蹉跎,如舞伎低腰,仙人啸树”——晏几道“舞低杨柳楼心月,歌尽桃花扇底风”,韩偓咏舞女“袅娜腰肢淡薄妆”。这是说他的字势柔媚。刘熙载论书法之书气当以士气为最高,若妇气、村气、市气、匠气皆不可取。一因笔墨跟书家之性情相关连,故此君书法实有所不堪也。

“萧思话书忝墨连字,势倔强,如龙跳渊门,虎卧凤阙”——字势忝连而倔犟,似与瀑流相类,《水经注》卷三十谓“一水发自山椒下,数丈素湍,直注颓波,委壑可数百丈”,差可拟之。钱锺书先生《管锥编》引王僧虔评萧思话书“风流趣好”,则其变幻疏密,当有可观。

国学试题，不够知己

北京大学、武汉大学近年相继开办文史哲综合试验班，通常称之为“国学班”。刚刚开始的时候，一些文史耆宿很是怀着一点希望，文史爱好者更如久旱之望云霓。但是报纸披露了他们的国学试题（《南方周末》，2002 年 3 月 21 日），一看之下，叫人倒吸一口凉气。正要进大学的众毛头小子，面对的是这样一些题目：

试论《诗经》和《楚辞》在中国文学史上的意义。何谓小学。谈谈你对儒学的哲学层面的认识。国学与海外汉学有何区别与联系。

拜读这样的国学试题，我真的是欲哭无泪了。我们且看看老国立北京大学入学国文题（1932 年 7 月）：

一、把这首诗译成散文白话（自加新式标点符号）。

八月秋高风怒号，卷我屋上三重茅……（杜甫：《茅屋为秋风所破歌》）

二、下列各书是谁做的或编的？

《文史通义》《后汉书》《论衡》《说文解字》《日知录》《说苑》《红楼梦》《方言》《文选》《三国志》

三、什么是“四书五经”？什么叫做“四部”？什么是“三通”？唐宋八大家是谁？

四、试举五部秦以前的书。

五、试举出下列各句中“之”字在文法上的区别：

1. 学而时习之

2. 先生将何之

3. 之二虫又何知

4. 南宫绦之妻之姑之丧

六、作文试题（选其一）

1. 艺术与人生

2. 科学与人生

两者稍加比较，即可见出所谓国学班试题与国学的不够知己之处。欲深入国学，结果只能是与国学相距越来越远，越来越疏离。老北大的试题其特点是相当的人性化，面目可亲，扎扎实实，肚子里面有多少墨水，一点也做不了假。它对基本功的考查，全在于平日的积累，临渴掘井既不必也无用。细端详，深信大木百寻，积根也深。然而新的国学班的试题是什么情况呢？看看它那大而无当的模样，空洞而居高不下的架子，实在与真的国学隔着肚皮隔着墙壁。它极像寓言里面那个悭吝而好高骛远的富翁，建高楼只准建第七层……再博学的高人也无所适从、难以措手。什么儒学哲学、什么这意义那汉学……都是写模棱两可的东西，与学术的深度和趣味相悖反；就是叫出题的先生大人前来捉笔应试，他也只能是丈二和尚摸不着头脑。国学班开办的初衷，想来是要挽救、培育读书种子，令传统有价值的层面得以薪火相传。可是这样一堆妄托知己、毫无灵性的试题横亘在前，如矮人观场，随人说妍，发人长喟。蹄涔之内，不生蛟龙，可知胸襟眼光一受先天牵制，便是什么十全大补也救不得的。况且，学术上只有违背不得的基本规律，并没有什么十全大补。

愁如大海酒边生

——论郁达夫的旧体诗

自新文学运动起，文学革命大功告成以来，那些横戈上阵的先驱作家靡不以反对“文以载道”为鹄的，后来又莫不堕入文以载道的泥淖，盖以其中若有宿命的循环，虽明言不载旧文学的孔孟之道，却又各个去树一面旗帜，载自己所提倡的道，成了新的载道文学。而真正的文学，无论新旧，是不容任何道德来规范束缚的。文学的最终家园是美学。达夫的旧诗，却能跳出这个怪圈，以思想和情感为文学的立场，纯然情绪的自然呼吸，也即逸出了为宣传的文学的“载道”怪圈，而发酵为呕心血、耗生命的梦境。

近人论诗，大略谓唐诗以情韵胜，宋诗以理致胜，虽就大致而言，然于此概括中不知失却了多少真义。苏门诗人陈师道深得老杜句法，诗艺上苏轼于其无多影响。江西诗派的领袖黄庭坚更是法宗杜甫，深得老杜气骨。苏轼本人，活泼跳荡，气象万千，更不是我们所说的“宋诗”气息。所以，钱锺书先生说：“曰唐曰宋，特举大概而言。非说唐诗必出唐人，宋诗必出宋人也。”（《谈艺录》，第 2 页）又说：“夫人禀性，多有偏至，发为声诗，高明者近唐，沈潜者近宋，有不期然而然者。”达夫则才气发扬，加以忧思深沉，故其旧体之作非不主理，而是理在情中，兼有唐音宋调者。新加坡郑子瑜先生以为达夫诗源出于宋，论据为达夫诗句颇多脱胎宋人名作，颇多点化宋人名句，其实这只是他借鉴的一方面；即以此论成立，他也只是点化宋代人的诗而非文论意义上的宋诗。所以，尽管达夫于宋人之诗颇多借鉴，却也经过性分、心眼、识趣的过滤。我们不想说达夫诗源出于宋，同时也因为“宋诗”二字容易让人想到少意趣、多意味的邵雍那种“文之押韵者尔”。

文体随时代嬗变，一个时代有一个时代的文学，然此亦如诗分唐宋一样，乃就大概而言，非谓新体裁必合新思想，新与旧只是一个相对的概念。到处是旧，新才成其为新;而到处是新，新就变作旧，这时旧反而变作新。达夫的旧诗，就是在文坛满目新进新潮的情况下反而变作新，却没有现代社会来得猛烈，这在达夫诗中，是显而易见的。他每每作历史和现实因果关系的天问。自诗、骚算起，积淀两千多年的旧体诗芗泽长郁，色正光永，其逋峭繁丽，笔补造化，震撼和发挥人心的力量，是白话新诗所完全不能比肩的。新诗里头，新月派、现代派、读诗会诸君，已是新诗的顶尖级人物，但新诗里简直没有第一流的传世之作，连二流作品都少，时光淘洗，海水退潮，只留下些干瘪空壳，或者牛溲马勃。

达夫在现代文学家中，属天分极富、知识全面、识趣高迈的那一类。赵家璧先生说他在中年以前曾读过一千多本英文小说，对同时作家，他更能绝去畛域，以作品取人。1935 年他写给周作人的信，编选作家丛书，涉及不同文学观念的七八个社团的同行，其中深于旧诗者除他自己外，尚有鲁迅、周作人、田汉、俞平伯、朱自清等。团体或小团体看似大于个人，而其扼杀个性的负面效应也显而易见，并为种种事实所证明。达夫自由思想浓烈的心胸，自然不愿为集体或什么思潮所左右，从而为学理、思想、才华提供了更为广阔的驰骋疆场。

看似通常之境遇，累有非常之变故行于其间。达夫旧体诗的奇味，可以说是受了他革命理想、才子人格、士夫遗裔（名士作派）的三重挟制，梦萦近事，却又心痛无寄，慷慨使气中每多踟蹰伤感，和新文艺同仁、南社诸子既有契合之处又颇有歧异。仅就旧体诗而言，鲁迅之作在温醇辗转中见冰雪聪明，其后期诗更圆熟老美，流转如弹丸；苏曼殊之作读之使人发灰颓之感于绮艳衰飒之中；张恨水之作以其言愁之切，予人索漠之感，然理深辞顺，风骨雅健，入骨的关怀恰好映带文人的黄昏；郭沫若之作善夸大运气，名作家报人董桥怀念中山先生的文章顺带评郭："我不喜欢郭沫若的诗，白话诗肉麻，旧体诗摆空架子。"（《新民晚报》，1996 年 10 月 30 日）其言乃善诗法而知诗病，可谓品藻得宜。周作人之作绵里藏针，接近自然高妙，而略有辞屑辞伤之处，是为美中不足；南社诗词是一种集体浪漫主义，大体上总有淋漓豪健、昂扬奋起的心音，但在体用之间有所偏重，故每不免欠琢磨、显刻露之痕，柳亚子自己尝谓"我论诗不喜艰涩，主张风华典丽，做诗不耐苦吟，喜欢俯拾皆是"。较之今日社会，那时的旧诗允称"繁荣"，实则就历史的转进而言，也只是古典文学的余威罢了。新、旧文艺家，当社会剧变的转型时期，心境的惶惑不免影响到选择的进行；就诗歌本身而言，有传之众口千年不衰者，也有半个时辰内让人忘到九霄云外的。这不关乎诗的体裁如何，而在于诗的情感力量是否可以移人。

达夫的诗以近体中的绝句为主，律诗为辅。古诗他不大写——

只有1920年《读唐诗偶成》等几首。

绘景为达夫情有独钟。他诗笔下的景物，是对自然天籁瞬间佳景的敏感记录。他的游记散文是主动的、渐进的，像国画中的条屏组画。他的写景诗则是横切的、即兴的，像明丽的水彩，读之如仗履行走于秋山寒林、春田野渡之间。由于文言诗歌的历史长，他的诗中颇多可与人文话语接壤通气的符号。其景物看似纯粹单性，实则是传达潜在意义的一种符号。这种形象切取经组合而成为意象，同时拓深了意境，言外语义还有千重，那就是联想和思索的空间。达夫写景诗用语活泼自然，调子清新明快，却字字句句引起不少联想。这实在跟文言诗歌的历史有关，即是一种历史的陈述，而非简单的表面观念。

贪坐溪亭晚未归，
四山空翠欲沾衣。
秋风吹绝溪声急，
树树夕阳黄叶飞。

——1920年，《题画四首》之三

四山涨翠昼初长，
五月田家麦饭香。
一事诗人描不得，
绿蓑烟雨摘新秧。

——1918年，日本，《山村首夏》

回首齐云日半暝，
黄昏灯火出休宁。
明朝又入红尘去，
人海中间一点萍。

——《登白岳齐云仙境》四首之三

达夫的日记里，尝有深夜赴某处寻妓的记载，零余者的悲凉，也往往在这些地方显形。这种行为，又往往因绝望的情绪导成。这样的颓唐惨沮在他的诗中不断流露："老夫亦是奇男子，潦倒如今百事空。只见人骑肥马去，更无心唱大江东。"（《寄舍偶成》）"生年十八九，亦作时样装。而今英气尽，谦抑让人强……"（《寄舍偶成》）"失意到头还自悔，逢人怕问北山云。"（《静思身世，懊恼有加，成诗一道，以别养吾》）他的小说，每每笔触凄婉，以此揭橥自己病创的灵魂，而正是这种零余的悲凉，增强了他作品的独在意义。就作为一个作家的遭际来说，郁达夫与朱湘相似，个性强而不愿受羁绊。他最初给《时事新报》的"学灯"投稿。当时编者宗白华兴趣在新诗，而达夫是旧诗高手，不写新诗，故遭冷遇，种种不愉快，使之成为文坛在野党。只是1924年后，他成为独立作家，深受全国文艺报刊的欢迎。

他的恋爱生活，其坎坷蹭蹬，与其同乡同学徐志摩颇有类同之处，故挽徐志摩联中有云"两卷新诗，廿年旧友，相逢同是天涯客，只为佳人难再得"。总之，哀乐中年，飞鸿倦旅，屡屡冲决精神苦闷空虚的罗网，终告铩羽。他的《自况》尝谓"绝交流俗因耽懒，出卖文章为买书"。可见他性格之一斑。《减字木兰花·寄刘大杰》也寄慨同一：“秋风老矣！正是江州司马泪。病酒伤时，休诵当年感事诗。纷纷人世，我爱陶潜天下士，旧梦如烟，潦倒西湖一钓船。”他读唐宋以来名家诗，分咏七人——李义山、温飞卿、杜樊川、陆剑南、元遗山、吴梅村、钱牧斋——都是深于历史感，从社会氛围来发议，而别有感慨怀抱的。其笔力横恣，也正于其中见出。

胡愈之在《郁达夫的流亡与失踪》一文中尝谓“作为一个诗人与理想主义者的郁达夫，他的表面的生活态度，谈醇酒妇人做香艳诗等，也不过是诗人的伪装，用以应付他的迫害者罢了。读过他作品的会明白他对人类是何等热爱”。这真是爱之深而护之切了。其实，做艳体与热爱人类、严肃生活丝毫也不矛盾。中国诗歌长河中，艳体在六朝风靡一时，在晚唐又异峰突起，蔚为大观。入宋以后，此番内容遁入长短句，而涉及醇酒妇人者代不乏人。这些诗大体上情调缠绵，趣味隽永，弥漫留恋人生的情味；就是李后主的“奴为出来难”，也颇有可取之处。当中，有诗人的向往、寄托、苦闷、理想贯穿。在郁达夫来说，这类诗正是他心底情愫的率真流露，未可厚非，谈不上什么“伪装”、“应付”。假如伪装说成立，则郁达夫的苦闷反而是虚设做作的了。然而这成什么话呢？实则达夫的苦闷，正是当时青年的代表，正是时代病态的象征。1935年，郑振铎荐他任暨南大学教席，遭教育部长王世杰以“颓废文人”理由驳复。王世杰是站在舒服的位置上，戴着有色眼镜来衡量中青年知识分子，把他们的苦闷加以夸张曲解，这即是官僚的可恶了。

他除了做诗填词，聊以寄慨，又能有什么作为呢？像文天祥那样顶天立地的汉子，尚曾纵情声妓，但其趣味和贾似道的红妆画舫想来有本质悬殊吧！所以同样是醇酒妇人，殃民祸国的在其中做他们全无心肝的美梦，而在野的末路文人却在其中梦想黄农虞夏的黄金时代。说达夫是无行文人，实则他正是一把辛酸泪，无处可挥呢！达夫的旧诗，可以说近绍龚自珍、黄仲则、苏曼殊，口吻、神情、风调、气质，均有毕肖之处。其诗情绪的调子，是自伤自怜，敏感绝望之中，又含有敢于自决、书剑飘零的袅袅悲慨，以及于醇酒妇人的人生消遣中寻绎出来的无尽感喟。他幼年失怙，这“幼稚的悲哀，建设了他的忧郁性基础”（钱杏邨语）。而其弱冠以后，生事丛脞，所遇多悲，行藏颇似下却相印兵符以后的信陵君，“与宾客为长夜之饮，多近妇女，日夜为乐，唯恐不及”。那真是“英雄无用处，酒色了残春”。以表面的行乐图，来预示人生无量的悲哀啊！

语音清脆认苏州，
作意欢娱作意愁。
故国烽烟伤满子，
仙乡消息忆秦楼。
一春绮梦花相似，
二月浓情水样流。
莫使楚天行雨去，
王孙潦倒在沧州。

——《赠姑苏女子》，日本，1921年

不是尊前爱惜身，
佯狂难免假成真。
曾因酒醉鞭名马，

生怕情多累美人。

劫数东南天作孽，

鸡鸣风雨海扬尘。

悲歌痛哭终何补？

义士纷纷说帝秦。

——旧友二三，相逢海上，席间偶谈时事，嗒然若失，为之衔杯不饮者久之。或问昔年走马章台，痛饮狂歌意气今安在耶，因而有作（1931年）

露滴蔷薇十字娇，

为侬甘度可怜宵。

不留后约非无意，

只恐相思瘦损腰。

——《赠看护妇某》，日本，1918年

达夫的这一类诗，潦倒汗漫，自负其才，纵情倡乐间深埋隐忧大痛，进而逃之于酒，托之于诗者，实出大不得已。观其漂泊蹭蹬之感，哀绝劓杀之音，后人论其世，未尝不悲其志也。其《沉沦》一书自序云：“人生终究是悲苦的结晶……清夜酒醒，看看我胸前睡着的被金钱买来的肉体，我的哀愁，比自称道德家的人，还要沉痛数倍。我岂是无灵魂的人？不过看定了人生的命运，不得不如此自遣耳。”如此求欢自遣，那是体认了生命的无能，而于恍惚间捕得的一线神光，借此聊补生命的哀痛和空洞而已。

《毁家诗纪》十九首并词一首，是达夫组诗里面最为沉痛哀绝的一组，其哀能伤人，不能不令人从头寒到脚跟。秋风萧萧，胸臆催败，真如古乐府所云：“出亦愁，入亦愁，座中何人，谁不怀忧，令我白头！”达夫先生的婚姻，才子佳人，众所瞩目；他的婚变，更是一大新闻，为师友摅泪、仇家所笑。达夫以满腔的赤子之心待人，可以说一片天真，一片大义、一片血诚。这种不设防的性格，正为嗜血的阴谋分子所求之不得。当其应福建省主席陈仪之邀南下公干时，早已觊觎一旁的浙江省教育厅长许绍棣百般使诈，遂同王映霞有染，且由暗修栈道而至公然无所顾忌起来。这对他的精神，几乎可以说是毁灭性打击。早先鲁迅尝作《阻郁达夫移家杭州》谓“钱王登遐仍如在，伍相随波不可寻”，又说“何似举家游旷远，风波浩荡足行吟”，暗示他提防杭州不良官僚的窥视和高压。可达夫终于不听而行，及事发，已噬脐莫及。两年后作《回忆鲁迅》痛云：“我因不听他的忠告，终于搬到杭州去住了。结果竟是不出他之所料，被一位党部的先生弄得家破人亡。”《毁家诗纪》第一首是七绝：“离家三日是元宵，灯火高楼夜寂寥。转眼榕城春欲暮，杜鹃声里过花朝。”其始去也，心则坦然无虑，景则春花欲燃，人心景物纯然本真，恰好衬出后来的种种不堪。这组诗几乎每首都有作者原注，来印证诗中的故实。

第三首原注说：“盖我亦深知许厅长为我的好友，又为浙省教育界领袖，料他乘人之危，占人之妻等事，决不会做。”自第三首以后，一变平和安详为绝叫哀痛：

寒风阵阵雨潇潇，
千里行人去路遥。
不是有家归不得，
鸣鸠已占凤凰巢。

——其　四

就在这个人生活风雨飘摇的情境之中，达夫仍以抗战大义为重，赴前线视察劳军,所以如“水井沟头血战酣”、“戎马间关为国谋”、“满怀遗憾看吴钩”等都是记录战场实景和心境感受；及返后方，又跌入哀痛的深渊，“州似琵琶人别抱”（其七）、“贫贱原知是祸胎，苏秦初不慕颜回……水覆金盆收米勺,香残心篆看全灰”（其十二）、“急管繁弦唱渭城，愁如大海酒边生……禅心已似冬枯木，忍再拖泥带水行”（其十五）。

十九首以外,《贺新郎》词一首，最见其澜翻之愁怀——

忧患余生矣！
纵齐倾钱塘潮水，奇羞难洗。
欲返江东无面目，曳尾涂中当死。
耻说与，衡门墙茨。
亲见桑中遗芍药，学青盲，假作痴聋耳。
姑忍辱，毋多事。

匈奴未灭家何恃？
且由他，莺莺燕燕，私欢弥子。
留取吴钩拼大敌，宝剑岂能轻试？
歼小丑，自然容易。
别有戴天仇恨在，国倘亡，妻妾宁非妓？
先逐寇，再驱雉。

此阕长短句，原注云：“许君究竟是我的朋友，他奸淫了我的妻子，自然比敌寇来奸淫要强得多，并且大难当前，这些个人小事，亦只能暂时搁起，要紧的，还是在为我们的民族复仇！”

细揣其遣词用意，绝似猛虎坐深林大泉之畔，自舔其创，情绪是哀号之后又继以惨笑的。这组诗亦可说处理的是复杂的灵魂问题，自然显示其渊深来。“他又从精神的苦刑，送他们到那反省，矫正，忏悔，苏生的路上去。”（鲁迅《穷人小引》）达夫深得陆军二级上将陈仪（公洽）器重，邀为福建省公报室主任，留其在闽久居；又得戴笠尊敬——1936年2月14日记：“谈到十点多钟，发雨农先生信，谢伊又送贵妃酒来。”他还和军界老人蒋百里是朋友，甚至和日人松井石根大将亦有往还。其胸中不平事，不难以剑消之，也即“歼小丑，自然容易”之意。然值彼国事蜩螗之际，他时以为念的是“大醉三千日，微吟又十年。只愁亡国后，营墓更无田”、“万一国破家亡后，对花洒泪岂成诗”。像达夫先生这样顶天立地的血性男儿，那些鼠窃狗偷的不良官僚又怎能理解他于万一呢？他的生活，固然不免灰颓气象，而赴汤蹈火，求取光明的意念，却一刻也没有停顿过。

香港文学名家梁锡华先生有感于现代文学家命运之扑朔迷离，论周作人，论朱自清，俱即小见大，见微知著，尤其论郁达夫，直发人之未发。其在《曰忠曰奸》一文中，尝谓“最叫人意乱情迷的是郁达夫了，说他左，他有时资产加封建；说他右，他又歌颂过普罗和革命，他忠奸飘忽，如今一缕亡魂倒也吃得开，海内海外到处都是不愁香火的”。过人的观察，思想的闪光，随笔迤逦，不请自出。

郁达夫曾对徐志摩说“I am a writer ,not a fighter”（我是作家，而非战士）（赵家璧：《书比人寿长》，第77页：香港三联书店，1988年），他自己说：“因为我是一个小资产阶级出身的人，我对他们说，分传单这类事我是不能做的。”1930年11月，他果然被“左联”四次全代会决议开除。这自然是极“左”青年的所作所为，鲁迅知道此事后极不以为然，并认为“极‘左’最容易变右”。

他为现代书局选介麦绥莱勒的木刻《我的忏悔》，写文道：“书中主角，终究是一位小市民之子，信仰不坚，主义不定，自满有革命的热忱，却缺少贯彻到底的毅力”，也不难看出他的心情犹疑。

1935年春，郁达夫对时局的观感是这样：“中国的现状，同南宋当时实在还是一样，外患的迭来，朝廷的蒙昧，百姓的无智，志士的悲哽，在这中华民国的二十四年（1935年），和孝宗的乾道淳熙，的确也没有什么绝大的差别。”（《寂寞的春朝》）他这种对现实的观感和概括，不啻是理解他诗思内蕴的绝好注脚。丧乱之余，诗情惨淡，征诸诗史，莫不如是。民国社会，九派横流，政见歧出，风雨鸡鸣，一波未平，一波又起。值彼极不安、极沉闷的时代，达夫在其诗中表现的，是一种极端的厌世和千缠万绕的人生留恋，二者矛盾纠结，辗转复辗转。求其诗思安和之篇，十不得其一。表面上酒色征逐，骨子里万难解脱，莫为百年之计，而但思偷一日之安。那种“诗可以怨”的情思气象，潜伏在文辞承转之间，真正是意悲而远，惊心动魄。

麦苗苍翠柳条黄，
倒挂柔枝陌上桑。

天意不教民逸乐，

田家此后征多忙。

——《由柳桥发车巡游一宫犬山道上作》三首之二，日本，1916年

男种秧田女摘茶，

乡村五月苦生涯。

先从水旱愁天意，

更怕秋来赋再加。

——《沪杭车窗即景》，1935年

作者自注："这是前日从上海回杭州，在车中看见了田间男女农民劳作之后，想出来的诗句。世界上的百姓，恐怕没有一个比中国人更吃苦的。"

主旨在抒情，而情中之景也萧条得可想。关心民瘼的痛烈心境，郁然楮墨内外。这和纯写景的田园诗，在心境和着眼点上是有本质不同的。

他诗中非常有力、非常沉痛的社会批评，真有令人拍案长喟的。像《杂感八首》中的句子："方知竖子成名易，闻说英雄蹈海多。""将军原是山中盗……民生凋敝苦逢迎。""忍说神州似漏舟，达官各为己身谋……中原衮衮诸公贵，亦识人间羞耻否？"世道浇漓，人心太坏，满心眼里是官和钱，达夫的愤懑，实在是有激使然。在苦境里无从挣扎物伤其类的人，于一读之下，不免要为他的忉怛巨痛而同声一哭了。今天的文化人，也许更会感同身受的吧？

生太飘零死亦难，
寒灰蜡泪未应干。
当年薄幸才成恨，
莫与多情一例看。

——《懊恼》二首之一，1916年

十年潦倒空湖海，
半生浮沉伴蠹鱼。

——《杂感八首》摘句，1921年

侏儒处处乘肥马，
博士年年伴瘦羊。
薄有文章惊海内，
竟无馔粥润诗肠。
…… ……
升斗微名成底事，
词人身世太凄凉。

——《和冯白桦重至五羊城原韵》，1926年

他固然记载着饮酒、赴宴、打牌、听戏、青楼过夜等生活，但此只是偶发，而其常态，则是经济的窘迫，像他诗中经常的表现。耿介正直而备受排挤，造成了这种窘迫，所以他用自抒身世牢愁的酒杯，来浇郁结不平的块垒；而这又与蒿目时艰及哀时抚事的忧愤

结合一处，屡遭挫折而绝顶热肠，造成他的忧郁总有一种桀骜的悲慨。诗中道穷愁、状苦境的句子往往以其入骨的深异而成为诗眼，并联系全篇其他情状形象，使之活动贯通，浑然一体。

达夫的诗是风华典丽而兼以郁怒清深的。他于风雅之妙，性理之微，良多解会，而笔触屡在时代的凄风苦氛里伸悲情之胜意。其律诗笔力深稳，又时有翻腾作势之处。概而观之，他的诗律是厚重中见流走，诗脉畅适，把轻重疾徐，安排得十分妥帖。具体的修辞技巧方面，他又得晚唐诗的心传，善用虚词。古人于诗用虚字（词）意见不一，赵孟頫谓“作诗虚字颇不佳”，胡仔引黄庭坚话说：“诗句中无虚字方雅健。”而元代方回（虚谷）论七律贵用虚字，江西诗派大家陈师道诗用虚字大大多于黄庭坚等人，大诗人杜甫则时而纯用实词连缀，质实沉雄；时而大量置入虚字，别有一番飞动虚灵。虚词本无功过，要在作手能用善用。达夫用虚字，多在律诗中，虚词的灵活布设又多了一层回肠荡气的效果，于精致的烘托、诗境的开展、前后的策应等方面，造成回环一体的有力关键。“一三五不论，二四六分明”是作诗的一句老话，可是在达夫的律诗中，就连一三五也是分明的。他之所以不打破平仄而废旧谱，是因为他有戴着镣铐跳舞的艺术本领。老一代新文学家长于旧诗者为数甚火，终以达夫为擅场，无愧斫轮老手之一。

达夫《谈诗》一文，神情口吻间，掩不住他对旧诗的酷嗜。其于旧诗审美三昧，技法及文体生命，又往往一语道着，对今人的创作鉴赏，洵有药石之效。“旧诗的一种意境，……如沉着，如冲澹，如典雅高古，如含蓄，如疏野清奇，如委曲、飘逸、流动之类的神趣，新诗里要少得多。”“旧诗各体之中，古诗要讲神韵意境，律诗要讲气魄对仗，作诗的秘诀，新诗方面，我不晓得，旧诗方面，于前人许多摘句图、声调谱、诗话诗说之外，我觉得有一种法子，最为巧妙，其一是辞断意连，其二是粗细对称。”他举了龚自珍诗为例，又举杜甫《咏怀古迹·明妃村》为例，以首句粗雄阔大来对次句的细微小景，次第缀之，“像大建筑物上的小雕刻”，他把这项解悟告之美学家邓叔存，对方“钦佩到了极顶”。实则明人李梦阳《御选唐宋诗醇》引，已申发此意，“迭景者意必二，阔大者半必细，此最律诗三昧”，并以杜诗《登兖州城楼》来说明“前景寓目，后景感怀，前半阔大，后半工细”。达夫的律诗亦多合这种美学观念。如《月夜怀刘大杰》：“青山难望海云堆，戎马仓皇事更哀。托翅南荒人万里，伤心故国梦千回。书来细诵诗三首，醉后犹斟酒一杯。今夜月明清似水，悄无人处上高台。”其颔联和颈联之关系，就是在大小远近的对比中，取得郁郁累累的效果。

达夫中年以后所作，律诗典重苍凉，绝句浑凝疏宕，表情达意，确有博约之功，仿佛老木而披风霜，匕首而经药淬，遣词达意，洵入游刃有余之境界。一般说，诗语可以入词，词语不可入诗，词（长短句，诗余）语可以入曲，曲语不可入词。达夫诗作，偶也不妨稍杂词语而转增风神韵味，这自然是老手的练达，却也不乏性灵者器识的高迈，此又非枯槁闲寂之辈所可解会。苏雪林论郁达夫小说略带点偏见，但谓“说来说去，他的文字只是缺乏气和力”（《苏雪林文集》卷三，第328页），倒也有相当的眼光。他的旧体诗，反而能避乏气乏力之弊。

一般以为，中国旧文学颇似鸦片，一旦上瘾，便不易解脱。其譬虽然蹩脚，却也恰好反证了旧文学的丰厚内涵。柳亚子先生在他的《磨剑室文录》中表示："我虽然接受新文化，但对于旧诗，终有恋恋不舍之意。"（第 1145 页）他深知时代风雨的催颓。1945 年，他自述《柳亚子的诗和字》尝谓"但我的估计，却以为旧体诗的命运不出五十年了"。不过，他究竟希望五十年内，旧诗不至于向新诗输诚。五十年，这个估计太悲观了。他老先生是把国运人心放在一起估衡，又看到新文艺家在新的曙光里身影明朗起来，遂有此番估计；虽较情绪化，却不幸言中。"文革"浩劫黑云压城，文化人惨遭灭顶之灾，文化几至沦亡，迨"四凶"粉碎，青年人恶补文化常识，旧诗的一缕香火风流云散。回头来看郁达夫的旧诗，自然不免惊为奇货。达夫本人对此竟是乐观的，他以为旧诗限制虽多，但历史却不会中断。"到了将来，只教中国的文字不改变，我想著着洋装，喝着白兰地的摩登少年，也必定要哼哼唧唧地唱着些五个字或七个字的诗句来消遣，因为音乐的份子，在旧诗里为独厚。"

苏雪林对郁达夫持论近苛，谓其文有多种不堪，其叙事则为啰唆。即以此论成立，他的作品仍强过今人百倍，盖其时时不忘以学问、练达、洒脱来节制，故其放任之处也能时时警觉而随处加以挽救，这样反而形成一种张力，较之今世文学家更有上等谏果长久回甘之效。他的旧体诗，更臻渲染入骨，跌宕生动之极，兼以心思词藻，沉雄俊逸，放笔使气之余而能顿挫收蓄，故有长言咏叹之妙。钱锺书先生《谈艺录》尝指出龚自珍等清季名诗人屡遭后人仿袭，"定庵之诗，清末以来，为人挦扯殆尽"。又说："然窃定盦诗者，定谳自（蒋）子潇始，《新民丛报》及南社诸作者，特从犯耳。"郁达夫、张恨水先生于旧体诗创作均极自负，都爱诵定盦、仲则之诗，但他们却能避开晚清名诗人于前人爱之深而“顺手牵羊”的毛病，采百花之蜜，酿成自家风味。民国以降，旧诗晚色褪尽，说一句无奈的话，自老一代千秋万岁之后，恐怕是广陵散绝了！

慢速度的风月观览

阿尔卑斯山山麓的公路边，树着老牌标语：慢慢走，欣赏啊！简洁的句型中，含有无尽的劝慰式留恋。其效果，于有心人，大可提供长久的震撼。

近见《参考消息》载文称，当今欧美数百名作家应邀列出他们最喜欢的十部文学作品，其结果汇成一书，谓之《十大名著》。发起者以为当今生活乃黄金时代，轻而易举就能获得的书籍从未像现在这样多，但如何挑选却令人头疼。结果呢，入选者均为古典作品，当代无一人入其列。

这样的结果，并非大家一致好古敏求，实在更因为出版物太滥太多，眼睛既伤于缭乱，身心又受牵于事务。看不过来，只有凭先前的印象、原有的阅读经验来做搪塞交卷了。快速、快捷、快餐、快报、快递、快览、快活……这是现实时代的征象，是所谓慢生活的反面，似也颇显示古今生活方式的区分。

当年范成大从成都回江苏，一路流连观赏；更早前他由江苏到广西赴任，当动身之际，低回不忍遽去，由苏州出发“夜登垂虹，霜月满江，船不忍发，送者亦忘归，遂泊桥下”。

而他由广西转成都任职，取道今广西西北，进湖南，上湖北，转重庆，入四川，更走了足足半年之久，不全是路途遥远，更确凿的原因是一路风月无边，一种前定般的牵挽令其时作勾留。他从江苏到广西，从成都回江苏都写有趣味盎然的小册子记述行路的经历见闻，分别是《骖鸾录》和《吴船录》。而由广西到成都，更有专著《桂海虞衡志》，前二者以行路经历为主线，后者作详细分类的风物参证。

探索自然界的内在生命，表达文化人对自然的别样感受，与自然天籁相呼吸吐纳，客观上从诸般束缚中摆脱出来，获得了新的艺术生命，仿佛多头点火系统一样，在其心灵，布设由点及面的敏感记录，一番发酵长养，生成人心所掌握运用的第二自然。

同样的，晚清时节，俞平伯之父俞陛云由成都返苏州，虽云归心似箭，一路上也颇作有选择的停留，迷恋山川文章的趣味和法则，自然与心灵休戚相关。在他笔下，大自然的奇迹不啻生命意志的转型再现。

今之旅游者，呼啸而来，倏忽而去，除了交通工具的便捷造成的加速而外，经济与时间的困扰，心境的浮动不宁也有绝大关涉；较之古人，看得多而快，而所得甚少。

麦克阿瑟当菲律宾退却时，转进澳洲，大海茫茫中仓皇逃命，险象环生，相当狼狈。他竟还有心观察杀机四伏的暗夜风景，虽然这种旁骛不无苦涩。海浪的疯狂拍击的力量，似在增进其心灵的充沛笃实，一种硕大的气象活力，难以方物。而当其扭转太平洋战局，予日本毁灭性打击，重返南洋大陆时，提前自舱门出，涉水向岸，墨镜、烟斗、棱角分明的面部轮廓，身后的高参……本身就构成一道历史性的风景镜头，构成象征性的符号，预示从毁灭走向新生蜕变。麦克阿瑟败北时的风景眺望，所得之感触，较之曹操的南征，在长江水面横槊赋诗，情景要凶险得多；那种气势和风范，使其内涵也深郁得多。快中有慢，慢为后来的快作了厚实的奠定。山河风景，其人其事，合二为一，丰饶了无边风月的种种层面。

中国古诗（近体诗）最多交际题材的作品，而交际诗中无风景依托者绝无仅有，古人心绪的弹着点究在何处，也可不问而知了。幽微篱落、穷谷绝塞、大漠孤烟、小桥流水、苍藤老木，残夜水榭……荒原、古寺、落日、月夜、森林等，所以具有象征意味和感情色彩，乃因其对精神的奴役是一种天然的反拨。20 世纪前的俄罗斯作家，每以风景为其作品的承载之具，于其中安置他们广漠的忧伤和念想；至契诃夫《草原》的出现，奠为不可逾越的巅峰之作。他们对大自然的领略，既有猎取，更有返还；经其头脑、心智的处理，化为巧不可阶的文字建筑，乃是一种新的自然或曰第二自然，由别样文字生成的大自然。如此心智结晶，与大自然一样千差万别，几无雷同。那些一流文字所携带的文化意味和感觉，从历史的深处浮现出来，朴茂、悠远，深不可测。

对风景的赏味投入实际可分出不同的层次，人间味的注入也略有分量的区分。但其对风景的留念、依托则为同一心理背景。

不同的作者其赏味的机杼轻重浓淡不同，就在同一个作者身上，也有缓急悲欣之分。像韩愈笔下的“山红涧碧纷烂漫”，“芭蕉叶大栀子肥”，就和“雪拥蓝关马不前”颇有心境的悬殊。

1861 年，征战方酣之际，曾国藩有致其子函件，略云：“乡间早起之家，蔬菜茂盛之家，类多兴旺。晏起无蔬之家，类多衰弱。尔可于省城菜园中，用重价雇人至家种蔬，或二人亦可。其价若干，余由营中寄回。”窃以为，曾氏所强调，所寄意，并非非吃自家所种菜蔬不可，读书种菜，其间有相当寓意。园中蔬菜，乃是一种贯穿意志理念的自然风景，是将山林拉到农耕风景的切近之区，人间味胜出，同时也使得快与慢的节奏达至一种均衡；但在幽深的背景上，风景留念的意味无法摆脱。

傅增湘自北京回四川江安，一别多年，近乡之际，站在高处眺望，山木河川，人间烟火，被他一番古意斑斓的文字渲染得一片凄迷，在此则人间和山林的意味等量。

美意识的延伸可说是无远弗届；而在专制社会的桎梏之下，它的延伸铺陈，就是自由部分实现的象征。古人的慢生活，也可谓另一种意义上的高速度，更支持其冷静的观察力。而今人的快速观览，于心灵的安顿，是大打折扣的。其症兆，是将头脑置于春困秋乏夏打盹儿的状态，乃一种疲惫的循环，造成快不如慢的尴尬境地，无从自拔。

“夜登垂虹，霜月满江，船不忍发，送者亦忘归，遂泊桥下。”何等邈远而无尽的留恋啊！

住在树上的心曲

树木记载地球的历史，远在三亿多年以前，那时树木统治着地球。原始森林中，树木与其他动植物形成微妙的共生联盟关系。昆虫采集花蜜，传播花粉，底下的真菌则与树木交换宝贵的物质。大量的昆虫和小植物，又把树叶当成它们的廉价住宅……其葳蕤繁盛，有如韩愈诗云："山红涧碧纷烂漫，芭蕉叶大栀子肥。"

天下最矮小的树，是北极矮态柳，最高还不超过拇指的长度，想来可怜，因其为木本而非草本。而最高的树木是澳洲的一棵桉树，高达一百三十三米。相对于人类三百万年的历史，树木与地球的关系还要长久得多。欧美的作家，以为我们之所以生存于地球而不毁灭，导源于树木的宽容大度。他们观察、眺望、感受，仿佛看到树冠枝叶神秘莫测的微笑。其中分明有悲欢哀乐，时间的积淀和历史的风化……

《参考消息》（2002 年 9 月 30 日）有一整版的文章，说是欧洲的自然之友把休憩的木屋和草屋建到了山区的大树上。这样的巧思，乃源于鸟巢的启发。看照片，那些小屋横在硕大的枝丫上，上面的树冠，或者浓荫蔽日，或者枝叶扶疏，漏下斑驳的日光，或清冷的月光。适合建房的树木是粗壮的橡树、白蜡树、山毛榉、板栗树或云杉。陪伴者，都是些鹪鹩、山雀、麻雀、斑鸠、花啄木鸟、苍头燕雀，等等。黎明时分，仿佛大自然在挥毫作画，东方的天空，夜晚灰色的面纱悄然褪去，碧蓝的苍穹抹亮新的一天。据说住在其中，很能真切感受到大自然释放的能量。有一间房子，更是通体浸透了红雪松的香气。晚清大臣麟庆《鸿雪因缘图记》卷二尝谓“夹道长松掩映，四围修竹茂密。竹方脱节，松正生花，雨蒸日久，香气逼人”，即此境界也。香气等，也是一种能量，更是一种自由美的象征，如同无标题的幻想乐曲一样，想象力随机而动，不再是某种规则的附庸。

林风送爽，好像激活了早已风化的久远的时间，穷极观照，心有物冥。吾辈卧游想望，渐渐产生渗透其间的幻觉。

住到树上，这一点，倒是中海西海，心理攸同。中国的古人，更多的是住在树下，山路原无雨，空翠湿人衣——晴好的天色而自生雨意，实则都源于大大小小树木的吐纳；种种天和淋漓地的泼洒而来，宛如在云层中过滤一样，也无非是因为树木气息的融合。古人更看重的似乎是林木混生而形成的山林氤氲。王维送梓州李使君，那友谊都好像是这种山林混合气息派生出来的，他有诗为证：“万壑树参天，千山响杜鹃；山中一夜雨，树杪百重泉……”端的是重彩加水彩，水意盎然。“松风吹解带，山月照弹琴”，那是很放松的心态，近乎茫无思绪的放松；“古木无人径，深山何处钟”——则是寻幽的极致。而“雨中黄叶树，灯下白头人”，“雨中山果落，灯下草虫鸣”，是在禅思中颇加入了人生冥冥漠漠的忧患哀痛。树和人相似，既有对阳光、空气的渴求，也有自身努力归于清寂，能量消磨的伤怀。总之，那富于多样性，到了豪奢地步的大自然，它不服从于任何人为的规则，却能给人心开启鉴赏之源。

大画家荆浩在他的《笔法记》里头写树木的气势与境界，有谓“疾进其处，皆古松也。皮老苍藓，翔鳞乘空。成材着爽气重荣，挂岸盘溪，披苔裂石。因惊其异，遍而赏之”。当此际，他的想象力应是永无枯寂之虞了。

但是住到树木上，最高蹈的一个理由，还是多年前看的一部美国电影，那是一个不大不小的城镇。一条汉子，为政治流氓所嫉恨，乃愤然离开城市，住到山林树下，垦荒稼穑，自食其力，以数亩之田，耕而食之。他取声于竹，取荫于松，偶闻樵斧丁丁，与涧谷相应答。忽然一日，流氓与喽啰找上门来，汉子乃硬碰硬对之。流氓以为，抛却城市，住到山上，要失去很多欢乐和方便，他莫不是有病吧？乃抗声责问之。汉子答曰，我住到树上，为的就是不想看到像你这样的社会渣滓啊。电影中，那是一位英雄，但他的真正心曲，也还不外就是“自顾无长策，空知返旧林”那样一种意思吧。他的山林生活方式，即是从利欲熏心的现实之下，超越向自然中去，以获取精神的自由或恢复生命的疲困而成立的。

浮沤堂读书札记

八股文一瞥

在自然科学的范畴，一切问题莫不有标准答案。物理中的绝对零度，光速每秒等，都只有一个答案。清代的科举，首重八股文。八股文的规格，经史典籍的内容，都有明确的标准答案。

可怕的是必须遵循的标准答案。那是杀灭知识和想象力的，也会毁灭真正的分析和判断。因为专制者的企求，思想一统和消灭异端，不许质疑；结果造成超级的政治牢笼。

专制的空间里面，实践的正是“标准答案主义”。独立思考，自由精神，等诸乌有。这是新式的八股，借助现代的技术传播，其危害在旧时科举之上。

其实，八股文作为一种技术或文章体式并不可怕。外国的考试论文，也都必须有一定的规程。八股也只是一种规程、一种路数而已。

思想禁锢的强力胶把八股的形式紧紧地绑在它的战车上，文体也就深受其害。人们恨屋及乌，连八股这种形式也打入冷宫。因为它被绑架一辈子，毒液已经浸透它的细胞，人们说起它的禁锢钳制思想的套路，也就条件反射地把形式和内容一锅烩了。这就像一个人一样，大奸大恶或穷凶极恶的历史罪人，如希特勒、戈培尔之流，他的相貌（外形，形式），也和他的罪恶绑在一起。演员的化装，将其相貌的特征夸饰到极点，同时也加深了对他罪恶的记忆。

水号贪泉，贤者不饮，意在避免瓜田李下的嫌疑。思想的禁锢，连累了八股的形式，形式之受害，人间正复不少。

胡兰成散文

胡兰成一生都是在卖：卖他那点货色，他那点庸才、浮才、歪才,以及那一点点的清才。先是在中下层社会卖,后来靠上汪伪政权，勉强挤进那动乱的时代里的不伦不类的上流社会。可怜肚子里那点墨水，捉襟见肘，心术不正，卖得那样可悲可鄙。

胡兰成的散文近时被挖掘面世,尤其是《今生今世》等自传作品，给一些人鼎力推崇，以为发现新大陆；实则，扫却尘封则有之，文采文笔却谈不上;此人散文，浮、轻、浅、乱，生造词汇，别扭句法，表述走样，读之不爽。

又有人说，他之为汪伪政权的宣传部次长，乃其文笔为汪精卫所激赏，是发掘人才的佳话，此说可哂。汪在辛亥革命时期，乃《民报》主笔，一时政论文之雄杰，有文豪之喻。胡兰成那左支右绌的文笔，想去比肩，那还差得天远地远呢！实际情况是，伪府开场冷清，人才奇缺，百端拼凑，乌龟王八,一时沉渣泛起。胡氏遂得以因缘际会，在乱世中抛头露面，最后为时代的巨浪所涤荡，成为无足轻重的泡沫。

汉族史诗？别逗了

近又见《南方周末》拿整版的文章介绍《黑暗传》，说它是“汉民族创世史诗”，“结束了汉民族没有史诗的历史”;说它超过一万行，说它记载了七千年前的地球上的大灾难，七千年前毁灭了的史前文明等等。

这是极不严肃的。七千年，快要有文字的历史了，此前的文明竟然没有实物可证，还要这样一个漏洞百出的“史诗”来推究，无乃太荒诞乎！

一个民族，没有史诗，那是因为地理、历史生活方式、宗教传承、气候等不可控因素所造成的。没有这种文体，你自家还有别的文体，为他族所不能代替的，并不是不光彩，硬要往史诗上靠拢，这是不正常的也是幼稚的心态。

即以代表性的《荷马史诗》为例，它以无可比拟的广阔、宏伟、壮观和无所不包的智慧而成为无可替代的时代所规定的文学体式。作品里面充满人类的童年期悲天悯人的忧郁基调，宗教色彩、神秘色彩、民间文学色彩交织混出，不仅具有重大的文学价值，且蕴涵大量的史学信息，可供后世循机破译。黑格尔曾对该史诗中的人物形象评曰：“每个人都是整体，本身就是一个世界，每个人都是一个完整的有生气的人……”

汉族的《黑暗传》呢，缺乏宏大的气势，更没有宏阔的历史感及宗教情绪的依托，且作单线条的叙述。这和古人交错纵横的沉甸甸的史诗思维相背离而毫不搭界。思维上的浅层思路，长时间浮游在文句表层，即它的空间感，它的节奏的传动带是痴呆滞重、无法振起的东西，显然是民间丧歌和一般民歌的无限拉长，也就是闲暇无事的农村青年的业余作品而已。

现在几个民间整理者声称握有孤本。谁也没有见过。倒是从引用的所谓精彩句子来看，充斥大量现代语汇，甚至当代日常用语，更有义和团式不通的杂凑词汇概念，一种亚文化次文化的无聊产品。谓为史诗，这真是一个笑话。

百川贯海，曾未满足

佛经总量差不多是个天文数字，穷毕生经历，固难以详其崖略。日本文学家川端康成以为佛经是世界上最大的文学，无论数量，质量均当之无愧。历年着意搜求，得《妙法莲华经》《四十二章经》等五十余部，也只能借滴水以见太阳之光华了。诸多有趣见解，只能从学术先贤著作引述中得其机微了。

周作人《北沿沟通信》引《观佛三昧海经》云："若有诸男子，年皆十五六，盛壮多力势，数满恒河沙，持以供给女，不满须臾意。"

周作人以为这是宗教狂、道学家对妇女狂荡所作的攻击，乃是一种变态的心理表现。

另一则文意相近的佛经在钱锺书《谈艺录》李长吉一节补定之中。钱先生解李贺《恼公》之"古时填渤獬，今日凿崆峒"，乃写女子分娩，由于惜时之欢合；并以《大般涅槃经》言男女共为情欲之事"譬如大海，一切天雨，百川众流，皆悉投归，而彼大海，曾未满足"来加印证。

两则佛经文意绝似，其人俱将男女之事夸张放大而予以凸现。此为强调其所认定之特性不惜极而言之。其中无毛两足动物的基本根性也不免一语道着，至少得着局部的真相——好比一面特殊的镜子，照出人类一个重要的侧面，叫人看了，油然会心。它也许只是智者的旁观，夸饰的趣谈，倒不全然是变态或道学。

画梅杂说

《官场现形记》里面写某中堂，喜画梅，其法，以铜钱放在纸上，照着画梅花，结果不免给人笑话：一者他的心思还在那特殊工具上，一者从技法上说也毫无变化。这跟焚琴煮鹤一样，无疑是很煞风景的一种。

与之相反的是彭玉麟也酷嗜画梅。

晚清的柱石彭玉麟，也是画梅花的票友，但其用心，可能比相当多的专业画家还要深沉。他最强调的，是梅花的清洁精神，逸笔草草，随物赋形，与胸中境界合，与气质寄托合，烈士肝肠，美人颜色，心中寓意，从内心流溢到纸上，勾勒出老干繁枝、鳞鳞万玉的神韵。他有时更乘醉走笔，端的是“一腔心事托梅花”。彭玉麟自号南岳七十二峰樵人，根本是和大自然融合无间的。

梅花的象征意义与铜臭气极不相融，甚至互为排斥；因为艺术经不起庸夫俗棍的侵蚀、瓦解。

荒唐的文学评论

一个“俗文学与中国当代文化”学术研讨会，有名叫吴越的，写一文：《〈水浒〉究竟是一部什么书？》其中说：《水浒传》的反贪官虽然有一定的积极意义，但是今天的百姓绝对不能仿效。社会的发展，不能依赖暴民的反抗，而只能依靠生产关系的改变和社会生产力的提高。《水浒传》歌颂的是“不驯服”的暴民和为非作歹的恶霸，宣扬的是“霸意识”而不是“侠意识”，因此不适宜今天的读者，特别是青少年阅读。他质疑“中国四大古典文学名著”的由来，建议把《水浒传》从“四大文学名著”中抽出，纳入另一部更好的作品，例如《聊斋志异》。

怎地就是暴民了？引颈受戮才不是暴民吗？与此相反的是顺民，为什么要当顺民？作者有此嗜好？社会的发展，是依靠顺民的驯顺？作者可以带这个头吗？不可解之一。

霸意识？是指官府呢，还是草民？不晓得。不解之二。

《水浒传》写江湖奇侠，怎么又变成“歌颂为非作歹的恶霸”？谴责、抗击、消灭、反对——这些反而是歌颂？不解之三。

纳入《聊斋志异》。按作者的怪胎逻辑，《聊斋志异》整部书，岂不成了鬼怪意识？《水浒传》从四大名著中人为地抽出了，不怕它又成更为超越的一大名著吗？

按照作者这种不通的言论，从《荷马史诗》到《红楼梦》，从《诗经》到《百年孤独》，哪一本不是有毒的呢？干脆将文字毁灭算了。如作者所说，那《圣经》《莎士比亚》统统应该烧掉。

这哪里是文学评论，只是文学抽搐而已。

文学评论当然要有自己的看法异于常人常论，但不是随心所欲，不能根本颠倒，不能说水是山，麻雀是金属激光，不能说木牛流马是马尼拉麻，不能说电脑是屈原的手杖……

论述先得有一个大家共同认可的概念，在此基础上发议方有成立的可能。

自然界有一种恶浪，它并不合乎通常江涛海浪相互作用的规律。在形成恶浪的波浪中，风和水流在很短的时间内从各个方向撞到一起，以非线性方式叠加，形成破坏性极大的反常波浪。一些评论文章正是一种文化恶浪，破坏最基本的游戏规则和文化历史形成的基本概念。

文章巨子

张恨水文存两千余篇，含札记、随感、杂文、赞论之属，真现代文之斫轮巨擘也。其雅懿之度，朴茂之色，澹宕之气，宏富之学，卓绝之识，隽永之味，合一炉而治之，即极短之小札也并有尺幅千里之势。先生此类文，变化开阖，涵泓演迤，自有无穷之趣。其品格则兼智慧、仗义、忠厚、慈悲、洒脱、勇毅、谦挹而共有之；行文则仿佛参绝百派的武林巨子，文字在他手里好整以暇，措置裕如。今人但以新闻记者、章回小说家目之者，盖小之乎视先生也。

文章雄伯

戴季陶文元气淋漓，真足睥睨一世。其人创力非凡，即三十岁以前各体论文，即达百万字以上，其真率处如及时雨，其悲愤处似爆山洪。其论民主政体建设之文，头脑清晰，胸次浩然，变繁缛之理为朴茂条畅，为今之下笔喇喇不休之政治学博士所不及。

前后

吴宓先生，1925 年任清华大学国学研究院主任，聘王国维、梁启超、陈寅恪、赵元任四大家为导师，培养兼通中国文史之专门人才。博雅之士咸集一堂，洵极一时之盛。新中国成立后其伏处重庆西南师院，备尝人间惨苦。其间，当 1961 年曾拟往谒周扬，欲调北京，以国事蜩螗未果。据人转达之周扬赏誉，片语只言而已，然辄宝之，视为知遇之恩。人处绝境，抓住稻草也视作救命宝阀。遥想当年吴先生掌清华研究院时，周扬尚处社会底层戚戚焉若负贩矣。造物弄人，真所谓他生未卜此生休也。

文墨功力递减

清末民初作家学养及文墨功力可谓“君不见黄河之水天上来”，充沛激越；今之先锋作家虽也是码字谋食，但其与文字之关系已如近年之黄河常水量不足，时时搞到断流地步，佛也救不得了。

旧作家、新作家与文字的关系，有一种明显衍变过程，自一、三、五、七、九十年代，分别是骨肉、亲戚、朋友、熟人、同事、路人，至今则已成寇仇矣。

直观的文学印象

英国主要文学奖“布克小说奖”2004年入围作品，其中一为戴维的《云之地图》，叙事手法以六个人的声音和性别一再变换，叙事用层层重叠法。文学评论家称为，令人炫目的大气魄的小说，一些评论家则贬之为:“松松垮垮的怪物。”(《参考消息》,2004年9月8日)

梵蒂冈教会更是认为，瑞典学院把诺贝尔文学奖“发给了一个江湖艺人，是一种没有头脑的选择”。可与此相背的意见认为达里奥·福是一位“最佳的剧作家，天才的戏剧演员，富有创新精神”；也有认为1997年的颁奖是“对一位优雅、宽容、蔑视权贵的多才多艺的艺术家的承认，扩大了诺贝尔文学奖的概念”。意见分歧之大简直可以说是天壤之别。

话剧《一个无政府主义者的意外死亡》里面关于达里奥·福的介绍：

小丑乙的台词:谁是达里奥·福?小丑甲:一个铁路工人的儿子，一个江湖艺人，喜剧小丑，半途而废的建筑系学生，女演员拉梅的丈夫，云云。很像林语堂写《苏轼传》开篇，这种集束式的比喻性排比，不过实在没有什么精彩；而梵蒂冈教会的批评，倒可以说是一种印象式的结论，因其直观，而见精彩。

上世纪60年代，台湾清华大学邀请余光中讲新诗，其间朗诵自己的诗“天空非常希腊”等。当时在座的某教授，是一狂士，忽然大吼一声：“不准再念下去了！”说是动名词不分，而且台湾的天空就不希腊了吗？这就像毛奇龄和苏轼的“春江水暖鸭先知”较真一样，不过他无法退回宋朝去和东坡叫阵。而那教授，当时就在大会上勒令余光中停止演讲。余氏反驳，会场乱作一团。后来，余先生将这荒唐的事加以记叙，文中将台湾清华定性为："文化的沙漠，疯子的乐园。"

美国名演员约翰·戴普，是大胆地批评"自己人"的名流，年前曾对着电视摄像镜头说："美国很愚蠢，它就像一个长着尖利牙齿的愚蠢小狗，它能把你咬得遍体鳞伤。"这和美国宣扬普世价值的著述逆反，走极端，攻其一点，不计其余，骂得嘴上痛快，只是好玩而已。此类事在美国很多。安兰德，在上个世纪活了八十多年的美国女哲学家。她认为，普遍的幸福不可能来源于普遍的痛苦和自我牺牲，这实在是精彩的论述。在 20 世纪 50 年代，她对青年的影响几乎激怒了整个世界，父亲、母亲和左派……他们贬低她"只有十几岁的人醉心她的学说"，"她患上癌症完全是她在哲学上和精神上犯错的结果"(《三联生活周刊》，2005 年第 39 期)。骂架凶悍到不管不顾的地步了。

文人相轻的对骂，看似意气用事，其实对事物的本质或真实性，往往一语道着，增强了论战的焦点。其头脑清醒的程度如何，观照事情的深度怎样，用语不多，也能侧面窥及文人独立性和写作自由的尺度。而其在接受美学上，对读者的作用，就像候选人拉选票一样，在接近真理、深入人心等方面，推拉摇移，引发不同的反应。

时评与绝句

汪曾祺先生说，小说的一种类型，可以写得像唐人的绝句。这是说一种艺术追求和一种可能性。这类作品意味悠长，留白的空间很大。

而张恨水先生，他却是把时评写得像绝句的那么一位开创人物。抗战时期，他在《新民报》副刊各版，所写精短时评，数（篇）以千计，受众面极广。其文所解剖的时事，都是社会上大大小小的焦点和节点问题。那是标准时评，但就质地而言，又确乎可称做时评中的绝句，密度大，信息量大，综合杂文和随笔的因素，富于思索和启迪的空间，颇有尺幅千里、盘马弯弓的艺术效果。

今之不少报纸重视时评，相继辟有专版，初甚热闹，久之难以为继。它们或篇幅冗长，无话找话；或视界狭小，所见短浅，读之头涨不已；更有引述前人典故以实内容，但却往往拟于不伦，令人哭笑不得的。

回望“副刊三张”的时代，不禁惘然。

似对非对

庚辰春节，为人书对联，取《归去来兮辞》半对半不对之法，联曰：

莲子青如许

有美玉于斯

上联集梁武帝《西洲曲》句，下联集《论语·子贡》句。陶（渊明）集中，如“舟遥遥以轻扬，风飘飘而吹衣”，“实迷途其未远，觉今是而昨非”，似对而非对，半对半不对，然味道殊深，不妨为千古佳句。

写毕，忽思刻二闲章，曰："春梦婆"、"昙花影"，寄鸿爪留痕、幻境归来之意也。

文学是否垃圾

顾彬的中国当代文学"垃圾"论鼎鼎有大名。从维熙将此"垃圾"论视为"奇谈怪论"。针对顾彬所说"(中国)现代性的小说家，已经不会再讲什么故事了"云云，从先生发表反对意见说："殊不知中国传统的文学基因之一，就是小说中的故事性……尽管，今天的世界已然是进入电子时代，但文学就像因人种肤色的异同那般，永远难以改变它的基因。"(《文学报》，2010年1月7日)

基因这个东西，它保证生命的物质信息，从不爽约；但用到文学身上，就不大好使。三曹父子本是碰巧之特例，隔代遗传则属"他生缘会更难期"。至于说当代小说还有传统章回体的叙事遗传，拿基因作譬，以为永难改变，那大抵属于一个梦话。近现代以降，中国文化备受摧折，造成文采与思想的荒漠。今之作家，对传统文学的核心及表述方式隔膜甚深；对于先进的普世价值，又毫无感知，既不能走向西方，也难以回归传统。事实上，现当代文学早已失却了西式的善性与精深，十足的恶性欧化，堕入末流，佛也救不得。

近日岭南文化人刘斯奋等在《羊城晚报》(2010年1月16日)上联名发布《岭南宣言》，认为文风腐败正在侵蚀民族文化的肌体，撞钟般喊出："学统崩摧，文脉衰颓，已到了几难振拔的境地！"这个警拔的诊断用到当代文学上同样的痛切精准。2009年第三期《新华文摘》有类似的诊断。作者谈到近些年的长篇小说创作，看似繁花似锦，实则“总感到太多的作品老、弱、病、残。老——无论叙述方式还是语言语境、故事情节，老套和雷同。弱——看起来洋洋洒洒几十万上百万，实际上外强中干，弱不禁风。病——语病，精神病。语病说的是有的作品语言简直是文字垃圾，根本没法读下去。精神病，主要指自我的迷恋和意淫。残——不少作品虎头蛇尾，前半部厚重扎实，后半部空洞轻浮”（彭学明：《当下长篇创作的“有”和“无”》）。

文化意识的贫乏与观念的误导，其恶果是深沉的汉语危机，言文含混，积非成是。所谓作品，冥顽不灵，数典忘祖，洋化无谱，通体不见汉语语文本体意识的基因，唯有面目可憎的语言通胀在其笔下大行其道。顾彬以一观察者角度，谓之“垃圾”，乃属实话实说，何曾奇谈怪论之有？顾氏若非良朋，也属诤友，冠以“洋人的专横”大帽，殊难令人信服。当代文学除了为数极少的孤臣孽子在那里朝乾夕惕，发抒古人所生成的思想与文采，大批量的，却是蠢昧不灵，浑浑噩噩，习惯性遗矢般写得纸腐墨臭。文学的情况，令人揪心，岂止垃圾而已哉！

风格辨伪

文艺中最难仿冒的一种东西应是风格。王蒙曾说他的作品是一只翩然来去的蝴蝶，评论家用通常的寻绎方法很难捕捉他的真实影踪和内里消息；又仿佛涌泉一样，初无定质，或为“活动变人形”，颇难“跟踪”，要下一个长久的定义，颇不容易。这在一个作家，因了变化多端，文笔如游龙飘风，是很可以兀傲睥睨的。不过，倘从风格上着眼，则追踪他的作品精神，也并非太难的事罢。自早期的《悠悠寸草心》《蝴蝶》到《杂色》《深的湖》，再到《坚硬的稀粥》，当中自风格着眼，则可见其机智如满地的星星草，闪烁不止，表情的回肠荡气，句式的跳跃变幻，以及汪洋恣肆的抒情体式，是一种很难替代的艺术魅力。从此着眼，可见那种非他莫属的个性特质是从一而贯的。

近世有人伪托张飞《铁刀铭》、关羽《三上张翼德书》，钱锺书先生说："一题一书，为近世庸人伪托，与汉魏手笔悬绝，稍解文词风格者到眼即辨，无俟考据。"文词风格在文学作品中是深潜并弹跃在作品的字句、句式、文采、文理、脉络、体式内外的。对名作文风的领悟亦是鉴赏者慧眼卓识的表征。所以王蒙虽然说他的作品至难追踪，但若从风格着眼，则追踪又是可能的。

名作家林语堂去世后，由于作品的独到魅力，至为风靡，于是尤其在台湾，伪作蜂起。林语堂先生的女儿林太乙（曾为《读者文摘》华语版总编辑）说那些伪作，往往"沾染了父亲所讨厌的欧化冗长词句的恶习"；而且在真正的林著中绝无"人们"二字，凡有这二字而标明林著者必为伪托无疑。此为文词风格辨伪的一个显例。可叹的是当今不少文士，中文根底极浅，又以不伦不类之译文为蓝本，学而时习之，结果西而不化，画虎不成反类犬，造成一种难以下咽的文体，如掺了大量石沙的豆粥。

风格可以辨伪，乃因作家文境、学识、性格、质材的差异。英国 19 世纪薄命文人季辛的《四季随笔》，文词幽奥，颇不易译。而叶灵凤认为由施蛰存来译它，最为投契；乃因其随笔的风韵，和季辛文词风格有暗合之处。人心的差异虽然不小，却也不乏异代相知，这正是中海西海心理攸同之处。倘有人伪托施蛰存译文，则在明眼人也可到眼即辨。“思瞻者善敷，才核者善删。善删者字去而意留，善敷者辞殊而意显”。刘彦和很早就注意到作家的质材于风格的决定作用。因为作家质材不同，则感知方式、表达体式均不一样——这在文词风格中深潜着，做不了假。